浙江自然资源与环境统计年鉴

ZHEJIANG NATURAL RESOURCES AND STATISTICAL YEARBOOK ON ENVIRONMENT

2010

浙江省统计局 编

中国统计出版社
China Statistics Press

（京）新登字041号

图书在版编目（CIP）数据

浙江自然资源与环境统计年鉴. 2010 / 浙江省统计局编. －北京：中国统计出版社, 2011.5

ISBN 978-7-5037-6219-2/X.16

Ⅰ.①浙… Ⅱ.①浙… Ⅲ.①环境统计－统计资料－浙江省－2010－年鉴 Ⅳ.①X508.255-54

中国版本图书馆CIP数据核字（2011）第068803号

浙江自然资源与环境统计年鉴—2010

作　　者 / 浙江省统计局
责任编辑 / 佘竞雄　张宁红
责任校对 / 张宁红
封面设计 / 浙江新中商务印刷有限公司
出版发行 / 中国统计出版社
通信地址 / 北京市丰台区西三环南路甲6号　中国统计出版社
邮　　编 / 100073
电　　话 /（010）63376907
E－mail / yearbook@gj.stats.cn
印　　刷 / 浙江新中商务印刷有限公司
经　　销 / 新华书店
开　　本 / 787×1092毫米　1/16
字　　数 / 373千字
印　　张 / 18
印　　数 / 1—2000册
版　　别 / 2011年5月第1版
版　　次 / 2011年5月第1次印刷
书　　号 / ISBN 978-7-5037-6219-2/X.16
定　　价 / 120.00元

《浙江自然资源与环境统计年鉴—2010》编委会和编辑工作人员

编　委　会

编辑工作人员

编者说明

一、《浙江自然资源与环境统计年鉴－2010》是浙江省统计局及其他有关厅局共同编辑完成的一本反映我省环境各领域基本情况的综合性环境统计资料性年刊。本书收录了2009年全省各市环境各领域的基本数据和主要环境统计数据。

二、本书内容共分为十二个部分,即1.自然状况;2.水环境;3.海洋环境;4.大气环境;5.固体废物;6.自然生态;7.土地利用;8.林业;9.自然灾害;10.环境投资;11.城市环境;12.农村环境。同时附录八个部分:国家人口资源环境主要统计指标、全省人口资源环境主要统计指标、“十五”和“十一五”时期国家和我省主要环境保护指标、东中西部地区主要环境指标、世界主要国家和地区环境统计指标、2010年上半年各省、自治区、直辖市主要污染物排放量指标公报、主要统计指标解释。

三、有关符号说明:

“…”表示数据不足本表最小单位数;

“空格”表示该项统计指标数据不详或无该项数据;

“#”表示是其中的主要项。

四、参与本书编辑的单位还有水利厅、住房和城乡建设厅、交通厅、国土资源厅、农业厅、卫生厅、民政厅、林业厅、环保厅、海洋和渔业局、气象局、地震局、浙江省地方调查局。对上述单位有关人员在本书编辑过程中给予的大力支持与合作,表示衷心的感谢。

目　　录

一、自然状况

二、水环境

三、海洋环境

四、大气环境

五、固体废物

六、自然生态

七、土地利用

八、林业

九、自然灾害

十、环境投资

十一、城市环境

十二、农村环境

附录一、国家人口资源环境主要统计指标

附录二、全省人口资源环境主要统计指标

附录三、“十五”和“十一五”时期国家主要环境保护指标

附录四、“十五”和“十一五”时期全省主要环境保护指标

附录五、东中西部地区主要环境指标

附录六、世界主要国家和地区环境统计指标

一、自然状况

Natural Conditions

1－1　自然状况

项　　目		2009
国土		
国土面积	（万平方公里）	10.18
海域面积	（平方公里）	44600
岸线总长度	（公里）	6895
大陆岸线长度		2414
海岛岸线长度		4481
海岛个数	（个）	3765
海岛面积	（平方公里）	1817
气候		
热量分布	（积温≥0℃）	
浙北		6080.3－6681.7
浙西		6316.6－6789.4
浙南		5991.9－7052.5
浙东		6102.4－6806.4
降水量	（毫米）	
浙北		1219.0－1629.8
浙西		1224.7－1566.3
浙南		1337.4－1952.0
浙东		1135.7－1868.3
气候带情况		
亚热带季风气候		

注：气候资料为多年平均值。海域面积：为领海界线以内的面积。

1-2 土地状况

项　　目		面　　积	占总面积(%)
总面积	**(万平方公里)**	**10.18**	**100**
按地形分	(平方公里)		
山地和丘陵		71260.00	70.00
平原和盆地		23668.50	23.25
河流和湖泊		6617.00	6.50
按地高分	(平方公里)		
500米以下		7879.32	7.74
500-800米		15259.82	14.99
800-1000米		4723.52	4.64
1000-1500米		3318.68	3.26
1500米以上		81.44	0.08
按特征分	(万公顷)		
耕地		192.09	18.87
森林		584.42	57.41
内陆水域面积		63.12	6.20
草地		0.05	0.00
其他		178.32	17.52

注:本表数据多为过去清查数。

1－3　主要山脉基本情况

名　　称	山峰高程（米）
莫干山主峰塔山	719.00
方岩山主峰	346.80
普陀山主峰佛顶山	286.30
雁荡山主峰百岗尖西峰	1108.00
天台山主峰华顶山	1095.40
雪窦山主峰黄泥浆岗	971.70
凤阳山主峰黄茅尖	1928.70
江郎山主峰朗峰	816.80

1－4　主要河流基本情况

名　　称	流域面积（平方千米）	干流河长（千米）	多年平均降水量（毫米）	多年平均径流量（亿立方米）
钱塘江	55558.4	668.1	1631.0	429.68
苕　溪	4576.4	157.8	1525.8	34.62
甬　江	4518.1	133.0	1536.1	37.07
椒　江	6602.7	208.9	1664.9	63.88
瓯　江	18099.5	383.8	1727.9	186.92
飞云江	3718.8	193.4	1867.8	43.44
鳌　江	1530.1	81.0	1919.4	18.05

注：径流量均系浙江省境内部分（数据来源省水利部门）。

1-5 主要矿产资源储量

项　　目		2009
石油	（万吨）	
天然气	（亿立方米）	
煤炭	（亿吨）	0.94
铁矿	（矿石，亿吨）	0.36
锰矿	（矿石，万吨）	
铬矿	（矿石，万吨）	
钒矿	（万吨）	51.9
原生钛铁矿	（万吨）	16
铜矿	（铜，万吨）	28.6
铅矿	（铅，万吨）	122
锌矿	（锌，万吨）	218.7
铝土矿	（矿石，万吨）	
镍矿	（镍，万吨）	0.23
钨矿	（WO_3，万吨）	1.04
锡矿	（锡，万吨）	1.13
钼矿	（钼，万吨）	2.7
锑矿	（锑，万吨）	0.05
金矿	（金，吨）	16.4
银矿	（银，吨）	2735
稀土矿	（氧化物，万吨）	
菱镁矿	（矿石，万吨）	
普通萤石	（矿物，万吨）	1793
硫铁矿	（矿石，万吨）	5796
磷矿	（矿石，亿吨）	1827.3
钾盐	（KCl，万吨）	
盐矿	（NaCl，亿吨）	
芒硝	（Na_2SO_4，亿吨）	
重晶石	（矿石，万吨）	1054.1
玻璃硅质原料	（矿石，万吨）	6841.3
石墨	（矿物，万吨）	
滑石	（矿石，万吨）	
高岭土	（矿石，万吨）	2508.0

注：本表资料由国土资源部提供。其中，石油和天然气的数据为剩余技术可采储量（下表同）。

1-6 各地区主要能源、黑色金属矿产资源储量（2009年）

地 区	石 油（万吨）	天然气（亿立方米）	煤 炭（亿吨）	铁 矿（矿石，亿吨）	锰 矿（矿石，万吨）	铬 矿（矿石，万吨）	钒 矿（万吨）	原 生 钛铁矿（万吨）
全 省			**0.940**	**0.360**			**51.900**	**16.000**
杭州市			0.024	0.060			9.900	
宁波市								
温州市								16.000
嘉兴市								
湖州市			0.852	0.020			39.800	
绍兴市				0.260				
金华市			0.008					
衢州市			0.056				2.200	
舟山市								
台州市								
丽水市								

1-7 各地区主要有色金属、非金属矿产资源储量（2009年）

地 区	铜 矿（铜，万吨）	铅 矿（铅，万吨）	锌 矿（锌，万吨）	铝土矿（矿石，万吨）	菱镁矿（矿石，万吨）	硫铁矿（矿石，万吨）	磷 矿（矿石，亿吨）	高岭土（矿石，万吨）
全 省	**28.6**	**122.0**	**218.7**			**5796.0**	**1827.3**	**2508.8**
杭州市	14.7	9.0	18.9			232.3	192.4	27.1
宁波市	0.2	6.7	10.0					35.4
温州市		2.7	4.5			3118.1		577.3
嘉兴市								
湖州市		0.4	0.4					236.5
绍兴市	11.7	3.2	12.6			1037.5	1219.5	615.2
金华市	0.2	0.2	0.4				141.5	
衢州市	0.9	1.3	5.0			1389.1		
舟山市	0.2	0.9	1.5				273.9	
台州市		82.5	128.9			4.8		162.9
丽水市	0.7	14.9	36.3			14.1		854.4

1－8 主要城市气候情况(2009年)

城　市	年平均气温（摄氏度）	年极端最高气温（摄氏度）	年极端最低气温（摄氏度）	年平均相对湿度（%）	全年日照时数（小时）	全年降水量（毫米）
浙江省	**18.0**	**39.4**	**－5.4**	**73.7**	**1830.4**	**1403.3**
杭州市	17.8	39.7	－5.2	71.0	1709.9	1453.9
宁波市	17.8	41.3	－6.5	72.0	1733.6	1462.0
温州市	19.1	38.7	－1.9	72.0	1587.3	1489.4
嘉兴市	17.1	40.0	－7.9	83.0	1915.5	1286.8
湖州市	17.0	39.2	－7.1	74.0	1918.1	1235.0
绍兴市	18.1	39.9	－5.3	76.0	2060.3	1462.1
金华市	18.6	39.0	－4.2	68.0	1867.8	1364.2
衢州市	18.0	38.0	－5.8	75.0	1892.1	1374.8
舟山市	17.2	38.7	－5.5	75.0	1934.5	1485.1
台州市	18.6	40.0	－5.3	73.0	1554.6	1481.1
丽水市	19.0	40.2	－5.3	70.0	1709.8	1337.4

资料来源:省气象局。

1-9 国家级和省级风景名胜区情况(2009年)

地　区	国家级风景名胜		
	面　积 (平方公里)	可游览面积 (平方公里)	游人量 (万人次)
浙江	4179	1763	7146
杭州	1423	240	3985
富春江——新安江风景名胜区	1364	202	1191
杭州西湖风景名胜区	59	38	2794
宁波	380	85	488
雪窦山风景名胜	380	85	488
温州	1257	977	684
楠溪江风景名胜区	671	671	181
百丈漈——飞云湖风景名胜区	137	15	151
雁荡山风景名胜区	449	291	352
湖州	43	10	17
莫干山风景名胜区	43	10	17
绍兴	217	76	319
天姥山风景名胜区	143	31	169
浣江——五泄风景名胜区	74	45	150
金华	232	148	135
双龙风景名胜	80	60	64
方岩风景名胜区	152	88	71
衢州	67	17	14
江郎山风景名胜区	67	17	14
舟山	78	30	537
普陀山风景名胜区	41	27	378
嵊泗列岛风景名胜区	37	3	159
台州	316	136	896
天台山风景名胜区	132	95	573
仙居风景名胜区	158	15	201
方山——长屿硐天风景区	26	26	122
丽水	166	44	71
仙都风景名胜区	166	44	71

1-9 续表1

地 区	省级风景名胜		
	面 积（平方公里）	可游览面积（平方公里）	游人量（万人次）
浙江	2097	856	3743
杭州	104	18	29
杭州超山旅游开发有限公司	4	2	17
大明山	100	16	12
宁波	126	17	355
宁波东钱湖风景名胜区	60	2	256
五龙潭风景名胜区	16	11	54
鸣鹤上林湖风景名胜区	50	4	45
温州	639	370	421
龙湾瑶溪风景区	14	6	69
瓯海区泽雅风景名胜区	119	90	8
洞头风景区	21	21	176
平阳南麂列岛风景区	67	67	16
滨海－玉苍山风景名胜区	106	52	58
泰顺县氡泉－九峰风景区	107	55	21
瑞安市寨寮溪风景区	175	60	54
嘉兴	27	18	27
南北湖	27	18	27
湖州	102	36	381
下渚湖湿地风景区	37	12	11
天荒坪风景名胜管理处	65	24	370
绍兴	98	61	258
吼山	11	2	10
鉴湖柯岩旅游风景区	25	4	108
曹娥江	40	40	77
南山风景区	22	15	63

1－9　续表2

地　　区	省级风景名胜		
	面　积（平方公里）	可游览面积（平方公里）	游人量（万人次）
金华	279	104	118
九峰山——大佛寺	50	23	12
龙潭－郭洞省级风景名胜区	58	28	55
仙华山	55	19	11
花溪～夹溪风景名胜区	48	16	14
兰溪市六洞山风景区	10	5	16
白露山—芝堰风景名胜区	44	5	4
三都、屏岩风景名胜	14	8	6
衢州	258	53	52
烂柯山－乌溪江省级风景名胜区	160	3	8
三衢石林	26	5	12
钱江源森林公园	72	45	32
舟山	78	34	483
普陀区桃花岛风景名胜区	31	7	106
朱家尖风景名胜区	29	17	221
岱山省级风景名胜区	18	10	156
台州	214	75	1598
划岩山风景名胜区	16	11	1520
玉环大鹿岛	36	2	21
仙居响石山风景名胜区	12	2	4
桃渚风景区	150	60	53
丽水	172	70	21
南明山风景区	12	1	3
石门洞风景区	20	20	8
箬寮－安岱后	27	16	3
双苗尖月山	56	16	1
云中大漈风景区	57	17	6

二、水环境

Freshwater Environment

2-1　全省历年水环境情况（2000-2009年）

年　份	水资源总量（亿立方米）	地表水资源量	地下水资源量	地表水与地下水资源重复量	降水量（亿立方米）	人均水资源量（立方米/人）
2000	963.67	949.00	211.65	196.98	1683.00	2105.16
2001	936.83	919.32	207.87	190.35	1650.80	1998.11
2002	1230.48	1212.31	243.12	224.95	1937.37	2610.26
2003	574.48	563.95	161.31	150.78	1246.61	1210.17
2004	675.67	662.19	182.96	169.48	1450.77	1412.51
2005	1014.35	999.36	216.08	201.09	1723.99	2091.12
2006	903.59	889.41	204.36	190.18	1597.90	1829.50
2007	892.15	876.72	204.13	188.70	1630.48	1777.19
2008	855.23	839.93	198.09	182.78	1574.33	1680.22
2009	931.35	917.40	208.01	194.06	1655.05	1808.45

2-1　续表1

年　份	供水总量（亿立方米）	地表水	地下水	其　他	用水总量（亿立方米）	农业用水	工业用水
2000	203.27	195.14	7.63	0.50	201.15	121.21	52.56
2001	205.36	197.50	7.24	0.61	205.36	117.22	53.05
2002	208.01	199.60	7.38	1.03	208.01	119.75	53.29
2003	205.98	197.13	8.47	0.38	205.98	110.18	55.28
2004	207.78	200.25	7.10	0.43	207.78	109.73	55.77
2005	209.91	202.79	6.65	0.47	209.91	108.92	58.10
2006	208.26	201.29	6.57	0.40	208.26	101.04	62.73
2007	210.98	204.85	5.65	0.47	210.98	100.22	64.17
2008	216.62	210.97	5.30	0.34	216.62	98.73	61.03
2009	217.07	192.28	4.96	0.52	217.07	97.28	55.34

2－1　续表2

年　份	生活用水	生态补水	人均用水量（立方米/人）	万元GDP用水量（立方米/万元）	万元工业增加值用水量（立方米/万元）	万元工业增加值工业用水量（立方米/万元）
2000	26.45	0.93	439.42	327.55	682.86	178.43
2001	29.10	5.99	438.00	302.23	628.35	162.32
2002	27.58		441.26	271.78	560.28	143.54
2003	22.42	11.47	433.91	234.64	479.52	128.69
2004	29.01	13.27	434.37	206.76	413.50	110.99
2005	29.13	13.76	432.74	185.23	369.30	102.22
2006	32.65	11.84	421.66	136.30	286.37	86.26
2007	33.95	12.64	420.28	120.42	249.17	75.79
2008	36.32	20.54	425.58	112.34	232.48	65.50
2009	37.60	26.85	421.50	103.33	219.97	56.08

注：表中2005年万元GDP用水量、万元工业增加值用水量是以2000年价计算。
按新口径2005年价计算的数据分别为：156.44和330.84和91.57立方米/万元。

2－1　续表3

年　份	废水排放这总量(亿吨)	工　业	生　活	化学需氧量排放总量（万吨）	工　业
2000	21.33	13.64	7.69	62.60	35.84
2001	24.26	15.81	8.45	63.16	32.09
2002	25.91	16.80	9.11	57.86	28.35
2003	27.03	16.81	10.22	56.20	25.64
2004	28.13	16.53	11.60	55.65	25.15
2005	31.32	19.24	12.08	59.47	28.96
2006	33.07	19.96	13.11	59.27	28.65
2007	33.81	20.12	13.69	56.40	26.43
2008	35.04	20.05	14.99	53.86	24.27
2009	36.50	20.34	16.16	51.38	24.05

2－1　续表4

年　份		氨氮排放量（万吨）			工业废水排放达标率(%)
	生　活		工　业	生　活	
2000	36.76				92.1
2001	31.07	8.70	5.62	3.08	96.47
2002	29.51	6.82	3.90	2.92	96.33
2003	30.56	6.84	3.80	3.04	97.20
2004	30.50	6.30	3.35	2.95	95.94
2005	30.51	6.29	3.10	3.19	96.65
2006	30.62	5.74	2.65	3.09	86.38
2007	29.97	5.31	2.43	2.88	86.09
2008	29.59	4.68	2.03	2.65	90.83
2009	27.33	4.10	1.52	2.58	95.28

2－2　各流域水资源情况（2009年）

单位:亿立方米

流域片	水资源总量	地表水资源量	地下水资源量	地表水与地下水资源重复量	降水量
浙江省	**931.35**	**917.40**	**208.01**	**194.06**	**1655.05**
鄱阳湖水系	5.26	5.26	1.78	1.78	8.93
太湖水系	93.73	88.20	21.27	15.75	174.02
钱塘江	352.13	350.06	78.07	75.99	647.54
浙东诸河	112.60	109.27	27.90	24.57	203.35
浙南诸河	337.32	334.34	71.57	68.59	575.44
闽东诸河	18.78	18.74	5.41	5.37	27.22
闽　江	11.52	11.52	2.00	2.00	18.54

2－3　各流域节水灌溉面积（2009年）

单位:千公顷

流域片	节水灌溉面积合计	喷滴灌	微　灌	低压管灌	渠道防渗	其他工程节　水	本年节水灌溉面积增　加	本年节水灌溉面积减　少
按流域分	**1004.69**	**26.37**	**17.96**	**71.63**	**775.88**	**112.85**	**39.85**	**8.37**
太湖流域	290.95	1.89	0.94	43.40	216.85	27.87	7.31	0.27
东南诸河流域	713.74	24.48	17.02	28.23	559.03	84.98	32.54	8.10

2-4 各流域供水和用水情况(2009年)

单位:亿立方米

流域片	供水总量	地表水	地下水	其 他
浙江省	**217.07**	**192.28**	**4.96**	**0.52**
鄱阳湖水系	0.44	0.44	0.00	
太湖水系	64.96	51.82	0.86	0.05
钱塘江	78.98	73.79	2.64	0.00
浙东诸河	27.52	25.09	0.33	0.26
浙南诸河	44.11	40.09	1.13	0.20
闽东诸河	0.57	0.57		
闽 江	0.49	0.49		

2-4 续表

单位:亿立方米

流域片	用水总量	农 业	工 业	生 活	生 态
浙江省	**217.07**	**97.28**	**55.34**	**37.60**	**26.85**
鄱阳湖水系	0.44	0.34	0	0.10	0
太湖水系	64.96	29.45	14.01	8.47	13.03
钱塘江	78.98	37.26	24.20	12.61	4.90
浙东诸河	27.52	10.50	6.33	6.99	3.70
浙南诸河	44.11	18.94	10.70	9.26	5.22
闽东诸河	0.57	0.41	0.04	0.13	0
闽 江	0.49	0.36	0.06	0.06	0.01

注:鄱阳湖+太湖即为长江区;钱塘江+浙东+浙南+闽东+闽江即为东南诸河区

2-5　各地区水资源情况(2009 年)

单位:亿立方米,立方米/人

地　　区	水资源总量	地表水资源量	地下水资源量	地表水与地下水资源重复量	降水量	人均当地水资源量
浙江省	**931.35**	**917.40**	**208.01**	**194.06**	**1655.05**	**1808.45**
杭州市	141.50	139.70	29.30	27.50	255.90	1761.42
宁波市	87.48	84.94	21.78	19.24	153.68	1226.89
温州市	140.86	138.78	26.50	24.42	224.31	1752.61
嘉兴市	26.48	23.14	6.88	3.55	51.39	619.79
湖州市	46.71	45.49	9.91	8.69	85.40	1647.62
绍兴市	65.78	63.73	13.72	11.68	123.43	1408.63
金华市	80.48	80.48	16.57	16.57	154.60	1553.99
衢州市	80.73	80.73	24.20	24.20	144.94	3616.72
舟山市	7.11	7.11	1.56	1.56	16.79	671.42
台州市	83.96	83.03	16.21	15.27	154.51	1460.38
丽水市	170.28	170.28	41.37	41.37	290.11	7388.97

2-6　各地区节水灌溉面积(2009 年)

单位:千公顷

地　　区	合　计	喷滴灌	微　灌	低压管灌	渠道防渗	其他节水	本年节水灌溉面积增　加	本年节水灌溉面积减　少
浙江省	**1004.69**	**26.37**	**17.96**	**71.63**	**775.88**	**112.85**	**39.85**	**8.37**
杭州市	80.03	1.87	0.59	1.53	48.98	27.06	4.73	0.84
宁波市	161.99	9.6	6.22	3.75	125.15	17.27	6.96	2.01
温州市	89.59	1.05	0.28	4.6	70.41	13.25	2.62	1.71
嘉兴市	169.55	0.3	0.64	42.19	126.42		2.48	
湖州市	92.79	0.6	0.1	1.21	87.85	3.03	3.86	
绍兴市	72.14	1.63	1.69	1.88	52.14	14.8	3.21	
金华市	124.28	4.58	0.9	9.07	97.91	11.82	4.61	1.33
衢州市	73.7	2.79		2.13	63.63	5.15	6.41	2.18
舟山市	8.25	0.43	1.89	0.1	3.93	1.9	0.42	
台州市	90.25	0.88	0.65	1.83	71.93	14.96	3.15	0.03
丽水市	42.12	2.64	5	3.34	27.53	3.61	1.4	0.24

2－7　各地区供水和用水情况(2009 年)

单位:亿立方米

地　区	供水总量				用水总量	
		地表水	地下水	其　他		农　业
浙江省	**217.07**	**192.28**	**4.96**	**0.52**	**217.07**	**97.28**
杭州市	54.29	39.37	0.36	0	54.29	16.67
宁波市	22.57	20.42	0.11	0.21	22.57	8.45
温州市	20.90	19.18	0.12	0	20.90	7.13
嘉兴市	20.04	19.39	0.65	0	20.04	12.84
湖州市	17.21	16.84	0.10	0.05	17.21	11.84
绍兴市	22.08	21.52	0.57	0	22.08	9.35
金华市	19.90	18.20	1.70	0	19.90	10.56
衢州市	13.17	13.00	0.16	0	13.17	6.73
舟山市	1.26	1.19	0.01	0.05	1.26	0.27
台州市	17.05	14.66	1.09	0.20	17.05	7.49
丽水市	8.61	8.51	0.10	0	8.61	5.95

注:生态用水仅包括城市环境用水和部分河湖、湿地的人工补水。

2－7　续表

单位:亿立方米

地　区				用水消耗量	人均耗水量 (立方米)
	工　业	生　活	生　态		
浙江省	**55.34**	**37.60**	**26.85**	**112.38**	**218.21**
杭州市	15.60	6.57	15.44	22.05	274.49
宁波市	4.56	5.91	3.66	10.49	147.12
温州市	5.15	5.21	3.41	12.18	151.55
嘉兴市	4.09	2.85	0.25	11.77	275.51
湖州市	3.07	1.93	0.37	9.30	328.04
绍兴市	6.97	4.53	1.24	12.51	267.91
金华市	5.35	3.61	0.38	12.10	233.64
衢州市	4.20	1.97	0.26	6.52	292.11
舟山市	0.42	0.56	0.01	0.62	58.57
台州市	4.67	3.14	1.75	8.73	151.84
丽水市	1.26	1.33	0.08	6.11	265.13

2-8　流域分区河流水质状况评价结果(按评价河长统计)(2009年)

流域分区	评价河长(千米)	分类河长占评价河长百分比(%)					
		Ⅰ类	Ⅱ类	Ⅲ类	Ⅳ类	Ⅴ类	劣Ⅴ类
浙江省	**3322.6**	**169.9**	**1079.6**	**520.0**	**457.0**	**233.2**	**862.9**
太湖水系	600.1		135.0	136.1	90.7	106.3	132.0
钱塘江	1143.7		342.6	223.3	241.6	64.1	272.1
浙东诸河	332.5		166.0	24.0	16.0	42.8	83.7
浙南诸河	1246.3	169.9	436.0	136.6	108.7	20.0	375.1

2-9　主要水系干流水质状况评价结果(按监测断面统计)(2009年)

主要水系	监测断面个数(个)	分类水质断面占全部断面百分比(%)					
		Ⅰ类	Ⅱ类	Ⅲ类	Ⅳ类	Ⅴ类	劣Ⅴ类
钱塘江	45	4.4	24.4	44.4	4.4	11.1	11.1
曹娥江	10		20	50	20	10	
甬　江	14		21.4	50	21.4	7.1	
椒　江	13	7.7	23.1	38.5	23.1		7.7
瓯　江	29	6.9	55.2	37.9			
飞云江	5		100				
鳌　江	4			25			75
苕　溪	18		16.7	77.8		5.6	

资料来源:环境保护部门。

2－10　湖泊、水库营养化状况(2009年)

湖库名称	综合营养状态指数	总体营养水　平	湖库名称	综合营养状态指数	总体营养水　平
西　湖	51	轻度富营养	横锦水库	33	中营养
鉴　湖	76	重度富营养	湖南镇水库	53	轻度富营养
东钱湖	46	中营养	铜山源水库	63	中度富营养
南　湖	63	中度富营养	长潭水库	38	中营养
千岛湖	34	中营养	里石门水库	34	中营养
青山水库	59	轻度富营养	虹桥水库	38	中营养
亭下水库	50	中营养	城北水库	40	中营养
横山水库	37	中营养	紧水滩水库	54	轻度富营养
皎口水库	37	中营养	汤浦水库	34	中营养
长沼水库	53	轻度富营养			

2－11　各地区废水排放及处理情况（2009 年）

单位：万吨

地　　区	工业废水排放总量	#直接排入海的	工业废水排放达标量
全省	**203441.7**	**11641**	**193847.2**
杭州	79958.8	1450.9	76924.7
宁波	17735.8	7757	15422.5
温州	7899.9	411.1	6784.4
嘉兴	17488.2	476.5	17217.8
湖州	10518.2		10017.5
绍兴	29861.5	5.5	29351.1
金华	11074.1		10662.2
衢州	13977.5		13493.5
舟山	1856.4	1198.3	1786.7
台州	5125.2	341.8	4627.9
丽水	7946.1		7558.9

2－11　续表 1

单位:千克

地　　区	工业废水中污染物排放量				
	砷	铅	汞	镉	六价铬(吨)
全省	**281.5**	**1162**	**9.9**	**117.1**	**8.23**
杭州	7	105.4			0.36
宁波	1.2	0.1	0.3		2.01
温州		96.4			4.21
嘉兴		65			0.03
湖州					0.08
绍兴	3.8	33.1	0.1		0.23
金华	7	35.3			0.59
衢州	122.3		1.4		0.12
舟山			8.1		0.03
台州	0.2	57.7		0.1	0.4
丽水	140	769		117	0.19

2－11　　续表2

单位:吨

地　　区	工业废水中污染物排放量				
	挥发酚	氰化物	化学需氧量（万吨）	石油类	氨氮(万吨)
全省	**2.08**	**9.84**	**24.05**	**170.1**	**1.52**
杭州	0.12	0.13	8.64	20.66	0.24
宁波	0.09	1.94	1.97	25.33	0.11
温州		4.51	2.27	7.58	0.12
嘉兴	0.15	0.12	1.76	0.2	0.24
湖州	0.01	0.03	0.81	0.31	0.06
绍兴	0.24	0.11	3.79	9.88	0.38
金华	0.45	2.37	1.16	5.57	0.09
衢州		0.29	1.53	32.55	0.14
舟山			0.39	16.54	0.02
台州		0.25	0.82	10.38	0.05
丽水	1.01	9	0.91	41.05	0.07

2－11　　续表3

单位:万吨

地　　区	生活污水排放量		
	污水排放量(亿吨)	化学需氧量	氨　氮
全省	**16.16**	**27.33**	**2.58**
杭州	4.05	4.04	0.48
宁波	2.73	2.48	0.2
温州	2.44	8.43	0.54
嘉兴	1.09	1.39	0.19
湖州	0.92	1.14	0.17
绍兴	1.1	2.1	0.24
金华	1.22	1.47	0.22
衢州	0.51	1.59	0.14
舟山	0.22	0.46	3
台州	1.15	2.09	0.17
丽水	0.73	2.14	0.2

2-11　续表4

地　区	废水治理设施数（套）	废水治理设施处理能力(万吨/日)	本年运行费用（万元）
全省	**8202**	**1183**	**403322**
杭州	1221	508	90203
宁波	921	107	69542
温州	1182	79	29442
嘉兴	776	123	52605
湖州	509	48	20829
绍兴	850	130	72228
金华	749	47	24038
衢州	386	71	15644
舟山	162	5	2517
台州	1123	36	18763
丽水	323	29	7512

2-11　续表5

单位:吨

地　区	工业废水中污染物去除量				
	挥发酚	氰化物	化学需氧量（万吨）	石油类	氨氮(万吨)
全省	**414.41**	**1307.08**	**142.14**	**20079.16**	**6.77**
杭州	232.28	7.24	46.24	69.77	0.18
宁波	169.97	175.79	19.87	19756.64	4.95
温州	0.02	744.87	6.75	26.93	0.28
嘉兴	9.13		16.73	0.24	0.4
湖州	0.01	1.4	7.23	1.16	0.25
绍兴	2.17		27.8	9.39	0.24
金华		263.69	5.36	32.81	0.17
衢州		97.15	3.13	43.36	0.11
舟山			1.17	37.15	0.04
台州		9.93	5.56	70.71	0.08
丽水	0.84	6.99	2.29	31.00	0.06

2－12 各行业工业废水排放及处理情况(2009年)

单位：万吨

行业	汇总工业企业数(个)	工业废水排放总量	#直接排入海的	工业废水排放达标量
行业总计	**11019**	**178597.8**	**11641**	**171929.24**
石油和天然气开采业				
黑色金属矿采选业	6	97.5	26.2	96.07
有色金属矿采选业	20	1068.6		1058.52
非金属矿采选业	55	628.7	19.7	614.93
其他采矿业	1	1.92		1.92
农副食品加工业	642	2291.4	428.4	1760.77
食品制造业	259	2950.7	87.3	2768.25
饮料制造业	157	2819.3	72.8	2754.88
烟草制品业	3	81.3		81.31
纺织业	1839	66409.7	5159.2	64588.58
纺织服装、鞋、帽制造业	179	596.4	6.7	574.65
皮革、毛皮、羽毛(绒)及其制品业	261	2786.6	15.5	2501.02
木材加工及木、竹、藤、棕、草制品业	153	473.3		442.26
家具制造业	42	58.1	13.5	51.28
造纸及纸制品业	815	50755	1495.4	48949.23
印刷业和记录媒介的复制	35	80	38.6	75.77
文教体育用品制造业	49	136.6	0.4	125.73
石油加工、炼焦及核燃料加工业	13	408.6	238.8	408.2

2－12　续表1

单位：万吨

行　业	汇总工业企业数(个)	工业废水排放总量	#直接排入海的	工业废水排放达标量
化学原料及化学制品制造业	899	21602.8	1523.7	20773.12
医药制造业	249	4081.3	33.7	4062.03
化学纤维制造业	78	929.2	38	803.18
橡胶制品业	190	1026.5	1125.9	1113.2
塑料制品业	309	919.2	992.1	832.35
非金属矿物制品业	883	2100.8	1753.2	1720.1
黑色金属冶炼及压延加工业	208	43243.2	2998.3	2965.76
有色金属冶炼及压延加工业	194	1292.6	540.9	525.09
金属制品业	1339	5165.3	5640.2	5263.12
通用设备制造业	820	840.7	1108.1	1038.1
专用设备制造业	122	173.4	263.1	235.05
交通运输设备制造业	321	766.4	1528.4	1466.78
电气机械及器材制造业	225	564.5	644.9	636.95
通信设备、计算机及其他电子设备制造业	169	1132.1	1109.7	1106.4
仪器仪表及文化、办公用机械制造业	51	107.6	116.9	72.11
工艺品及其他制造业	226	371.3	436.9	394.71
废弃资源和废旧材料回收加工业	32	43	48.3	46.92
电力、热力的生产和供应业	160	3888	1846.3	1833.38
燃气生产和供应业	1	0	0	0
水的生产和供应业	13	163.1	187	186.99

2-12　续表2

单位：吨

行　业	工业废水中污染物排放量				
	汞	镉	六价铬	铅	砷
行业总计	**0.0099**	**0.1171**	**8.2349**	**1.162**	**0.2815**
石油和天然气开采业					
黑色金属矿采选业			0.005	0.0038	
有色金属矿采选业		0.117	0.0069	0.6647	0.14
非金属矿采选业					
其他采矿业					
农副食品加工业					
食品制造业					
饮料制造业					
烟草制品业					
纺织业			0.0233		
纺织服装、鞋、帽制造业			0.0004		
皮革、毛皮、羽毛(绒)及其制品业			0.1007		
木材加工及木、竹、藤、棕、草制品业			0.0031		
家具制造业					
造纸及纸制品业					
印刷业和记录媒介的复制					
文教体育用品制造业			0.2025		
石油加工、炼焦及核燃料加工业					

2－12　续表3

单位：吨

行　业	工业废水中污染物排放量				
	汞	镉	六价铬	铅	砷
化学原料及化学制品制造业	0.0014				0.1223
医药制造业			0.0949		
化学纤维制造业					
橡胶制品业					
塑料制品业					
非金属矿物制品业					
黑色金属冶炼及压延加工业	0.0003		0.1192		0.0012
有色金属冶炼及压延加工业			0.1476	0.0739	0.0113
金属制品业		0.0001	7.2637	0.0709	0.0067
通用设备制造业			0.0902		
专用设备制造业	0.0081		0.0003		
交通运输设备制造业			0.0799	0.047	
电气机械及器材制造业	0.0001		0.0081	0.1016	
通信设备、计算机及其他电子设备制造业			0.088	0.2001	
仪器仪表及文化、办公用机械制造业			0.0002		
工艺品及其他制造业					
废弃资源和废旧材料回收加工业			0.0009		
电力、热力的生产和供应业					
燃气生产和供应业					
水的生产和供应业					

2－12　续表4

单位：吨

行　业	工业废水中污染物排放量				
	挥发酚	氰化物	化学需氧量	石油类	氨　氮
行业总计	**2.10**	**37.40**	**200194.90**	**170.00**	**13183.00**
石油和天然气开采业					
黑色金属矿采选业			74.20	0.10	1.80
有色金属矿采选业			504.60		44.90
非金属矿采选业			432.90		5.20
其他采矿业			0.80		
农副食品加工业			11064.10	5.90	905.70
食品制造业			4523.30	0.30	524.10
饮料制造业			2870.40	0.40	183.50
烟草制品业			35.80		2.80
纺织业			71553.80	0.30	5393.60
纺织服装、鞋、帽制造业			536.30	0.10	36.20
皮革、毛皮、羽毛(绒)及其制品业			9474.40	3.70	731.70
木材加工及木、竹、藤、棕、草制品业	0.50		1014.40	1.70	48.80
家具制造业			79.80	0.40	6.80
造纸及纸制品业	0.50		48892.60	10.80	1128.50
印刷业和记录媒介的复制			89.20		4.80
文教体育用品制造业		0.20	183.70	0.10	7.00
石油加工、炼焦及核燃料加工业	0.10		275.70	1.80	7.20

2-12　续表5

单位：吨

行　业	工业废水中污染物排放量				
	挥发酚	氰化物	化学需氧量	石油类	氨　氮
化学原料及化学制品制造业	0.9	2.9	20344.5	39.4	2463.6
医药制造业	0.1		4960.4	0.2	415.3
化学纤维制造业			3608.0	0.2	173.6
橡胶制品业			778.8	1.1	82.5
塑料制品业			2835.1	0.2	246.1
非金属矿物制品业			1396.2	10.3	62.3
黑色金属冶炼及压延加工业	0.1	0.1	2313.4	28.1	77.6
有色金属冶炼及压延加工业		0.1	513.5	1.3	37.2
金属制品业		33.6	5327.2	20.6	206.7
通用设备制造业		0.2	1154.8	8.4	87.0
专用设备制造业			289.5	1.0	11.8
交通运输设备制造业			1440.8	26.1	86.0
电气机械及器材制造业			579.7	1.2	33.4
通信设备、计算机及其他电子设备制造业		0.1	756.7	2.4	46.1
仪器仪表及文化、办公用机械制造业			169.0	0.3	8.2
工艺品及其他制造业			569.4		22.7
废弃资源和废旧材料回收加工业			58.1	0.1	5.3
电力、热力的生产和供应业			1149.3	3.5	51.5
燃气生产和供应业					
水的生产和供应业			343.6		33.3

2－12　续表6

单位：吨

行　业	工业废水中污染物去除量				
	挥发酚	氰化物	化学需氧量	石油类	氨　氮
行业总计	**414.40**	**1307.10**	**1421375.40**	**20079.20**	**67693.90**
石油和天然气开采业					
黑色金属矿采选业			127.70		
有色金属矿采选业		7.00	1954.20		20.30
非金属矿采选业			667.70		2.90
其他采矿业			2.60		
农副食品加工业			18241.70	3.20	726.70
食品制造业			9893.00		271.70
饮料制造业			42289.70	0.10	307.20
烟草制品业			3427.90		
纺织业		0.10	489133.80	0.30	7303.40
纺织服装、鞋、帽制造业			2651.60		87.00
皮革、毛皮、羽毛(绒)及其制品业			59765.60	18.40	3255.80
木材加工及木、竹、藤、棕、草制品业	0.10		1104.00	1.20	10.10
家具制造业			116.60		3.20
造纸及纸制品业	0.80		528587.30	2.70	982.10
印刷业和记录媒介的复制			540.20		1.50
文教体育用品制造业		36.90	223.00		8.30
石油加工、炼焦及核燃料加工业	169.80	0.40	4246.10	19632.30	46838.00

2－12　续表7

单位：吨

行　业	工业废水中污染物去除量				
	挥发酚	氰化物	化学需氧量	石油类	氨　氮
化学原料及化学制品制造业	15.50	119.50	150878.60	246.20	4427.90
医药制造业			67100.60	1.10	1762.70
化学纤维制造业			3638.10	0.20	263.10
橡胶制品业			1431.30	1.50	1.60
塑料制品业			7014.10	0.30	335.40
非金属矿物制品业			2950.30	0.50	188.60
黑色金属冶炼及压延加工业	228.20	0.70	5619.70	40.70	231.20
有色金属冶炼及压延加工业		55.20	432.30	2.80	12.50
金属制品业		1079.70	6215.30	67.90	181.80
通用设备制造业		4.30	1482.80	28.70	85.40
专用设备制造业			439.10	1.90	17.40
交通运输设备制造业		1.30	1534.80	18.80	74.80
电气机械及器材制造业		1.40	879.50	7.70	46.70
通信设备、计算机及其他电子设备制造业		0.60	3820.20	1.10	138.50
仪器仪表及文化、办公用机械制造业			193.00		4.20
工艺品及其他制造业			757.90	0.60	22.60
废弃资源和废旧材料回收加工业			94.50	0.40	4.20
电力、热力的生产和供应业			3377.90	0.60	36.50
燃气生产和供应业					
水的生产和供应业			521.60		40.00

2－12　续表8

行　　业	废水治理设施数（套）	废水治理设施处理能力（万吨/日）	本年运行费用（万元）
行业总计	**8202**	**1182.49**	**403322.10**
石油和天然气开采业			
黑色金属矿采选业	7	1.09	221.00
有色金属矿采选业	32	4.94	1157.90
非金属矿采选业	48	2.40	712.00
其他采矿业	1	0.05	8.00
农副食品加工业	299	8.81	4983.20
食品制造业	208	19.24	4562.50
饮料制造业	145	19.34	4653.10
烟草制品业	2	0.21	492.00
纺织业	1597	285.53	125375.50
纺织服装、鞋、帽制造业	85	3.40	1066.50
皮革、毛皮、羽毛(绒)及其制品业	196	20.13	10389.20
木材加工及木、竹、藤、棕、草制品业	47	1.69	552.30
家具制造业	27	0.28	142.00
造纸及纸制品业	804	355.89	65545.20
印刷业和记录媒介的复制	15	0.24	111.30
文教体育用品制造业	30	0.41	406.50
石油加工、炼焦及核燃料加工业	26	3.56	10312.10

2-12　续表9

行　　业	废水治理设施数（套）	废水治理设施处理能力（万吨/日）	本年运行费用（万元）
化学原料及化学制品制造业	835	87.07	63988.80
医药制造业	251	12.38	18949.50
化学纤维制造业	70	7.63	3861.90
橡胶制品业	37	2.91	716.80
塑料制品业	194	4.16	3972.80
非金属矿物制品业	263	13.26	3167.80
黑色金属冶炼及压延加工业	212	198.66	23855.20
有色金属冶炼及压延加工业	136	5.81	3549.90
金属制品业	1269	30.59	29793.40
通用设备制造业	296	4.59	2413.50
专用设备制造业	82	1.37	628.80
交通运输设备制造业	215	3.22	2244.10
电气机械及器材制造业	160	2.35	1727.20
通信设备、计算机及其他电子设备制造业	184	5.52	3441.40
仪器仪表及文化、办公用机械制造业	28	0.57	387.70
工艺品及其他制造业	125	2.22	776.00
废弃资源和废旧材料回收加工业	24	0.25	142.00
电力、热力的生产和供应业	243	67.61	8725.50
燃气生产和供应业			
水的生产和供应业	8	5.07	282.50

2－13　沿海城市工业废水排放及处理情况（2009 年）

单位：万吨

城　　市	工业废水排放总量	#直接排入海的	工业废水排放达标量
宁波	17735.80	7757.00	15422.50
温州	7899.90	411.10	6784.40
舟山	1856.40	1198.30	1786.70
台州	5125.20	341.80	4627.90

2－13　　续表

单位:万吨

城　　市	工业废水中化学需氧量排放量	工业废水中氨氮排放量	废水治理设施数（套）	废水治理设施本年运行费用（万元）
宁波	1.97	0.11	921	69541.80
温州	2.27	0.12	1182	29441.60
舟山	0.39	0.02	162	2517.20
台州	0.82	0.05	1123	18762.70

2－14　各地区医疗废水排放及处理情况(2009年)

单位：万吨

地　区	医疗用水量	医疗废水排放量	#达标排放量	医疗废水中COD排放量(吨)	医疗废水中氨氮排放量(吨)
全　省	**3381.95**	**2618.01**	**2512.04**	**1767.06**	**290.66**
杭州市	985.40	786.39	782.57	473.41	60.80
宁波市	433.75	318.94	295.63	160.74	61.63
温州市	352.79	275.13	265.28	137.66	16.48
嘉兴市	207.22	170.40	170.30	131.52	24.89
湖州市	314.33	238.78	238.18	118.79	12.33
绍兴市	261.94	197.01	196.16	138.58	19.59
金华市	208.75	168.23	160.73	112.27	33.27
衢州市	40.50	31.97	19.84	59.73	3.48
舟山市	66.44	43.81	39.25	30.64	6.66
台州市	349.23	245.20	202.52	296.47	35.28
丽水市	161.61	142.15	141.58	107.25	16.25

2－14　续表

地　区	医疗废水处理量（万吨）	废水处理设施数（套）	废水处理设施处理能力（万吨/日）	废水处理设施运行费用（万元）
全　省	**2548.56**	**466**	**32.16**	**27484.1**
杭州市	800.82	81	25.02	825.6
宁波市	316.70	171	1.18	25067.8
温州市	262.77	44	0.96	193.6
嘉兴市	168.86	27	0.74	211.7
湖州市	237.78	21	0.70	179.9
绍兴市	196.46	28	1.09	250.3
金华市	129.60	29	0.91	226.5
衢州市	31.97	12	0.12	86.5
舟山市	43.81	11	0.15	29
台州市	216.54	23	0.80	310
丽水市	143.25	19	0.49	103.2

三、海洋环境

Marine Environment

3－1　全省历年海洋环境情况(2003－2009年)

单位:平方公里

年份	近岸海域海水水质			
	较清洁海域面积	轻度污染海域面积	中度污染海域面积	严重污染海域面积
2003				
2004				
2005	6397	2804	7127	14572
2006	5307	1750	9442	13420
2007	8428	3360	5460	13652
2008	10970	5460	4390	10080
2009	14750	9010	6670	11970

3－2　近岸海域海水水质评价结果(按海域污染程度分)(2009年)

单位:平方公里

<table>
<tr><th>海区</th><th>测站数量(个)</th><th>较清洁海域面积</th><th>轻度污染海域面积</th><th>中度污染海域面积</th><th>重度污染海域面积</th><th>首要超标污染物</th></tr>
<tr><td>全省</td><td>169</td><td>14750</td><td>9010</td><td>6670</td><td>11970</td><td>无机氮</td></tr>
<tr><td>宁波市</td><td>33</td><td>4516</td><td>2908</td><td>766</td><td>1569</td><td>无机氮</td></tr>
<tr><td>温州市</td><td>54</td><td colspan="2">6853</td><td>737</td><td>1270</td><td>无机氮</td></tr>
<tr><td>嘉兴市</td><td>6</td><td></td><td></td><td></td><td>1863</td><td>无机氮</td></tr>
<tr><td>舟山市</td><td>28</td><td>2617</td><td>5690</td><td>3947</td><td>8521</td><td>无机氮</td></tr>
<tr><td>台州市</td><td>48</td><td>2360</td><td>1190</td><td>2450</td><td>910</td><td>无机氮</td></tr>
</table>

资料来源:海洋与渔业局。

说明:根据监测责任海域调整,2009年海域面积包括内海(领海基线以内)和领海(领海基线向外12海里)的海域面积。其中宁波市仍按照领海基线以内面积统计。

3－3　近岸海域海水水质评价结果(按海水类别分)(2009年)

海区名称	测点数	水质类别面积百分比(%)				
		一类海水	二类海水	三类海水	四类海水	超四类海水
全省	**50**	**13.49**	**22.48**	**20.23**	**19.10**	**24.70**
宁波	9		26.67	26.67	33.33	13.33
温州	8	14.29	42.86	28.58	14.27	
嘉兴	3					100.00
舟山	21	15.79	15.79	10.53	21.05	36.84
台州	9	25.00	25.00	37.50	12.50	

资料来源:环保厅。

3－4　海洋机动渔船拥有量(2009年)

沿海市	海洋机动渔船			其中:生产渔船			远洋渔船	
	艘　数(艘)	总　吨(吨)	总功率(千瓦)	艘　数(艘)	总　吨(吨)	总功率(千瓦)	艘　数(艘)	总功率(千瓦)
浙江省	**33504**	**2285997**	**4225529**	**30671**	**1973879**	**3642507**	**304**	**182519**
直　属	40	26395	38249	40	26395	38249	38	36820
宁波市	8229	427567	821078	7723	400161	760974	31	14633
温州市	7163	254984	562838	6894	233252	498159		
舟山市	9091	858778	1422171	7919	716906	1195641	228	130326
台州市	7883	710768	1358034	7023	590028	1127443	7	740
加兴市	813	4799	16671	809	4557	16081		
绍兴市	285	2706	6488	263	2580	5960		

3－5　海洋客货运输量和周转量(2009 年)

沿海市	客运量(万人)	旅客周转量(万人公里)	货运量(万吨)	其中:远洋	货物周转量(万吨公里)	其中:远洋
全省合计	**3124**	**67838**	**30087**	**782**	**38447226**	**6266462**
杭州市			382		411159	
宁波市	121	2557	10977	147	10995410	601654
温州市	51	2023	1918		2223929	
嘉兴市			142		186886	
绍兴市			64		69309	
舟山市	2759	61740	8069		9209845	
台州市	193	1518	5712		6728130	
省海总			2289	101	3551613	593863
省远洋			534	534	5070945	5070945

3－6　沿海地区客货吞吐量、集装箱运量和吞吐量情况(2009 年)

沿海市	货物吞吐量(万吨)	其中:外贸	旅客吞吐量(万人)	其中:离港	国际标准集装箱吞吐量	
					箱数(万 TEU)	重量(万吨)
全省合计	**71461.83**	**25791.61**	**2831.09**	**1409.77**	**1118.40**	**9838.59**
主要港口合计	71461.83	25791.61	2831.09	1409.77	1118.40	9838.59
宁波港	38384.77	18178.89	1248.22	617.01	1042.34	8843.56
温州港	5998.81	197.54	100.35	48.49	38.75	552.61
嘉兴港	3484.75	351.45			20.24	274.72
舟山港	19299.56	6335.69	1299.08	653.16	7.98	50.10
台州港	4293.94	728.04	183.44	91.11	9.09	117.60

统计范围:年货物吞吐量 100 万吨(含)以上或经批准办理外贸运输业务的港口。

四、大气环境

Atmospheric Environment

4－1 全省历年废气排放及处理情况(2000－2009年)

年份	工业废气排放总量(亿标立方米)	SO_2排放总量(万吨)	工业	生活	烟尘排放总量(万吨)	工业	生活	工业粉尘排放量(万吨)
2000	6509.00	59.28	56.08	3.10	25.44	24.71	0.73	48.96
2001	8530.00	59.19	55.57	3.62	24.33	23.24	1.09	46.05
2002	8532.00	62.36	59.39	2.97	19.70	18.71	0.99	32.62
2003	10432.00	73.43	70.73	2.70	20.47	19.38	1.09	31.74
2004	11749.00	81.40	78.90	2.50	21.90	20.80	1.08	33.30
2005	13025.00	86.00	83.10	2.93	21.20	19.90	1.31	23.10
2006	14702.00	85.90	82.90	3.03	20.60	19.50	1.08	22.00
2007	17467.00	79.70	77.50	2.24	18.20	17.20	1.01	20.30
2008	17632.70	74.06	71.59	2.47	17.46	16.49	0.97	17.13
2009	18860.33	70.13	67.70	2.43	18.96	17.97	0.98	16.83

4－1 续表

年份	工业SO_2排放达标率(%)	工业烟尘排放达标率(%)	工业粉尘排放达标率(%)	工业SO_2去除量(万吨)	工业烟尘去除量(万吨)	工业粉尘去除量(万吨)	废气治理设施(套)	本年运行费用(亿元)
2000	—	—	—	10.16	419.56	204.92	9905	5.13
2001	87.7	90.6	91.3	15.35	534.42	296.44	9290	7.66
2002	91.6	93.9	94.9	30.94	587.51	308.54	9386	8.20
2003	93.8	95.5	96.5	34.69	602.76	340.42	10354	8.72
2004	94.7	94.9	95.6	44.35	575.87	332.63	10909	10.77
2005	96.2	93.7	97.5	63.50	617.74	378.82	11560	13.93
2006	95.4	93.2	98.3	74.90	862.99	522.35	12932	39.77
2007	96.9	96.5	96.4	105.20	914.77	578.91	12118	27.29
2008	94.0	95.6	97.8	128.60	1297.16	475.69	13600	31.78
2009	95.6	97.8	97.7	130.56	1234.33	869.74	14526	74.40

4－2　各地区废气排放及处理情况(2009 年)

地　　区	工业废气排放总量(亿标立方米)			SO_2 排放总量(万吨)	
		燃料燃烧	生产工艺		生活 SO_2 排放量
浙江省	**18860.33**	**11912.91**	**6947.42**	**70.13**	**2.43**
杭州市	3652.38	2238.71	1413.67	9.67	0.38
宁波市	4622.47	3188.51	1433.95	13.08	0.20
温州市	898.96	773.81	125.15	5.43	0.10
嘉兴市	1897.21	1339.62	557.59	10.60	0.32
湖州市	1591.42	777.16	814.26	6.15	0.29
绍兴市	1493.14	890.96	602.18	6.33	0.54
金华市	1338.04	857.13	480.91	5.01	0.13
衢州市	1634.97	448.69	1186.28	3.07	0.10
舟山市	177.55	174.16	3.39	2.47	0.14
台州市	1279.56	1135.00	144.56	6.75	0.07
丽水市	274.63	89.17	185.47	1.57	0.18

4－2　续表1

单位:万吨

地区	工业 SO_2 排放总量	燃料燃烧	生产工艺	工业 SO_2 排放达标量	烟尘排放总量	工业	生活
浙江省	**67.70**	**63.36**	**4.33**	**64.71**	**18.96**	**17.97**	**0.98**
杭州市	9.29	8.37	0.92	9.24	3.74	3.54	0.20
宁波市	12.87	12.46	0.41	12.15	2.95	2.91	0.05
温州市	5.33	5.26	0.07	4.14	0.61	0.58	0.02
嘉兴市	10.28	10.12	0.16	10.26	2.06	2.00	0.06
湖州市	5.87	4.67	1.20	5.52	1.27	1.19	0.07
绍兴市	5.79	5.49	0.30	5.78	2.07	1.88	0.19
金华市	4.89	4.86	0.03	4.75	2.45	2.30	0.15
衢州市	2.98	1.81	1.17	2.86	1.09	1.03	0.06
舟山市	2.34	2.30	0.04	2.30	1.63	1.56	0.07
台州市	6.68	6.65	0.02	6.40	0.78	0.70	0.08
丽水市	1.39	1.37	0.02	1.32	0.31	0.28	0.03

4－2　续表2

单位:万吨

地　区	工业烟尘排放达标量	工业粉尘排放总量	工业粉尘排放达标量	工业 SO_2 去除量	燃料燃烧中去除的	生产工艺中去除的
浙江省	**17.57**	**16.83**	**16.45**	**130.56**	**90.90**	**39.66**
杭州市	3.49	1.83	1.83	8.07	7.62	0.45
宁波市	2.85	0.74	0.72	71.15	35.89	35.26
温州市	0.55	0.00	0.00	6.52	6.35	0.17
嘉兴市	1.97	1.92	1.90	10.46	10.34	0.12
湖州市	1.16	2.93	2.82	7.14	7.14	
绍兴市	1.88	0.70	0.70	4.19	3.92	0.28
金华市	2.20	1.90	1.85	5.11	5.06	0.05
衢州市	1.00	5.51	5.39	5.70	2.43	3.27
舟山市	1.56	0.10	0.09	11.46	11.46	
台州市	0.64	0.03	0.03	10.78	10.76	0.02
丽水市	0.27	1.17	1.12	0.30	0.25	0.05

4－2　续表3

地　区	工业烟尘去除量	工业粉尘去除量（万吨）	废气治理设施（套）	脱硫设施去除量	本年运行费用（万元）
浙江省	**1234.33**	**869.74**	**14526**	**2064**	**744020.20**
杭州市	121.07	93.55	1776	437	78786.30
宁波市	548.07	55.81	2197	274	146449.00
温州市	51.63	0.03	1288	88	28351.00
嘉兴市	105.60	30.89	1950	498	51846.10
湖州市	82.46	210.92	1154	171	34712.30
绍兴市	33.36	24.47	2169	190	27972.10
金华市	100.00	12.40	1249	108	283975.40
衢州市	33.93	436.46	1139	53	25452.80
舟山市	28.26	0.07	97	34	1831.40
台州市	127.90	0.48	877	177	57648.40
丽水市	2.03	4.66	630	34	6995.40

4－3　各行业工业废气排放及处理情况(2009 年)

行　业	工业废气排放量(亿标立方米)	燃料燃烧	生产工艺	工业烟尘排放量(万吨)
行业总计	**18860.33**	**11912.91**	**6947.42**	**16.44**
石油和天然气开采业				
黑色金属矿采选业	12.11		12.11	0.01
有色金属矿采选业	0.09	0.08	0.01	
非金属矿采选业	13.52	5.16	8.36	0.01
其他采矿业				
农副食品加工业	29.85	20.73	9.12	0.08
食品制造业	33.38	21.05	12.33	0.10
饮料制品业	28.55	28.49	0.06	0.10
烟草制品业	3.90	1.88	2.02	
纺织业	905.30	768.08	137.23	2.05
纺织服装、鞋、帽制造业	10.21	9.80	0.41	0.03
皮革、毛皮、羽毛(绒)及其制品业	24.62	23.23	1.39	0.06
木材加工及木、竹、藤、棕、草制品业	170.57	131.39	39.18	0.03
家具制造业	4.36	3.13	1.22	0.01
造纸及纸制品业	363.41	360.77	2.64	0.87
印刷业和记录媒介的复制	3.60	3.60		0.01
文教体育用品制造业	4.96	4.23	0.73	0.01
石油加工、炼焦及核燃料加工业	233.57	146.77	86.81	0.14
化学原料及化学制品制造业	919.68	429.11	490.58	1.09

4－3　续表1

行　业	工业废气排放量（亿标立方米）	燃料燃烧	生产工艺	工业烟尘排放量（万吨）
医药制造业	154.90	29.58	125.30	0.01
化学纤维制造业	106.37	89.54	16.80	
橡胶制品业	99.08	38.33	60.75	0.08
塑料制品业	183.20	88.78	94.42	0.21
非金属矿物制品业	4458.05	991.01	3467.04	2.35
黑色金属冶炼及压延加工业	2362.78	379.61	1983.17	0.71
有色金属冶炼及压延加工业	130.79	99.49	31.30	0.14
金属制品业	115.53	46.96	68.57	0.23
通用设备制造业	57.36	34.74	22.62	0.18
专用设备制造业	41.93	18.20	23.73	0.04
交通运输设备制造业	54.85	14.71	40.13	0.20
电气机械及器材制造业	56.22	15.25	40.97	0.03
通信设备、计算机及其他电子设备制造业	98.92	10.98	87.94	0.09
仪器仪表及文化、办公用品机械制造业	1.84	0.42	1.42	0.11
工艺品及其他制造业	3.97	3.55	0.42	0.01
废弃资源和废旧材料回收加工业	1.76	0.33	1.43	
电力、热力的生产和供应业	8170.89	8093.73	77.16	7.30
燃气生产和供应业	0.21	0.21		
水的生产和供应业				

4－3　续表2

单位:万吨

行　业	工业 SO_2 排放量	燃料燃烧	生产工艺	工业粉尘排放量
行业总计	**63.34**	**59.39**	**56.82**	**15.27**
石油和天然气开采业				
黑色金属矿采选业	0.06			0.20
有色金属矿采选业	0.00	0.00		
非金属矿采选业	0.03	0.02	0.02	0.09
其他采矿业				
农副食品加工业	0.24	0.24	0.19	
食品制造业	0.19	0.18	0.17	0.02
饮料制品业	0.23	0.23	0.22	
烟草制品业	0.00	0.00		
纺织业	6.35	6.28	6.05	0.01
纺织服装、鞋、帽制造业	0.09	0.09	0.09	
皮革、毛皮、羽毛(绒)及其制品业	0.24	0.24	0.23	
木材加工及木、竹、藤、棕、草制品业	0.06	0.06	0.06	0.07
家具制造业	0.01	0.01	0.01	
造纸及纸制品业	2.31	2.30	22.28	0.01
印刷业和记录媒介的复制	0.04	0.04	0.03	
文教体育用品制造业	0.01	0.01	0.01	0.02
石油加工、炼焦及核燃料加工业	1.22	0.78	0.78	0.01
化学原料及化学制品制造业	3.17	2.16	2.08	0.25

4－3　续表3

单位:万吨

行　业	工业 SO_2 排放量			工业粉尘排放量
		燃料燃烧	生产工艺	
医药制造业	0.24	0.24	0.22	0.01
化学纤维制造业	0.47	0.47	0.46	
橡胶制品业	0.23	0.23	0.20	
塑料制品业	1.00	1.00	0.99	0.01
非金属矿物制品业	4.77	2.95	2.78	13.09
黑色金属冶炼及压延加工业	2.06	1.66	1.60	1.08
有色金属冶炼及压延加工业	0.33	0.25	0.24	0.14
金属制品业	0.54	0.52	0.46	0.13
通用设备制造业	0.34	0.32	0.30	0.09
专用设备制造业	0.11	0.11	0.10	0.01
交通运输设备制造业	0.11	0.11	0.09	0.01
电气机械及器材制造业	0.12	0.12	0.11	
通信设备、计算机及其他电子设备制造业	0.09	0.09	0.08	
仪器仪表及文化、办公用品机械制造业		0.00		
工艺品及其他制造业	0.05	0.05	0.04	
废弃资源和废旧材料回收加工业	0.21	0.21		
电力、热力的生产和供应业	38.64	38.62	36.98	
燃气生产和供应业		0		
水的生产和供应业				

4-3 续表4

单位:万吨

行业	工业 SO_2 排放达标量	工业烟尘排放达标量	工业粉尘排放达标量
行业总计	**60.77**	**16.12**	**15.06**
石油和天然气开采业			
黑色金属矿采选业	0.1		0.2
有色金属矿采选业			
非金属矿采选业			0.1
其他采矿业			
农副食品加工业	0.2	0.1	
食品制造业	0.2	0.1	
饮料制品业	0.2	0.1	
烟草制品业			
纺织业	6.1	2.0	
纺织服装、鞋、帽制造业	0.1		
皮革、毛皮、羽毛(绒)及其制品业	0.2	0.1	
木材加工及木、竹、藤、棕、草制品业	0.1		0.1
家具制造业			
造纸及纸制品业	2.2	0.8	
印刷业和记录媒介的复制			
文教体育用品制造业			
石油加工、炼焦及核燃料加工业	1.2	0.1	
化学原料及化学制品制造业	3.1	1.1	0.2

4-3　续表5

单位:万吨

行　业	工业SO_2排放达标量	工业烟尘排放达标量	工业粉尘排放达标量
医药制造业	0.22	0.09	0.01
化学纤维制造业	0.46	0.17	
橡胶制品业	0.2	0.08	
塑料制品业	0.99	0.21	0.01
非金属矿物制品业	4.6	2.27	13.00
黑色金属冶炼及压延加工业	2	0.70	1.06
有色金属冶炼及压延加工业	0.32	0.13	0.14
金属制品业	0.47	0.21	0.12
通用设备制造业	0.32	0.16	0.07
专用设备制造业	0.1	0.04	0.01
交通运输设备制造业	0.1	0.18	
电气机械及器材制造业	0.11	0.03	
通信设备、计算机及其他电子设备制造业	0.08	0.09	
仪器仪表及文化、办公用品机械制造业		0.00	
工艺品及其他制造业	0.04	0.01	
废弃资源和废旧材料回收加工业		0.00	
电力、热力的生产和供应业	37	7.28	
燃气生产和供应业		0	
水的生产和供应业			
其它行业			

4-3　续表6

行　　业	废气治理设施（套）	#脱硫设施	本年运行费用（万元）
行业总计	**14526**	**2064**	**744020.20**
石油和天然气开采业			
黑色金属矿采选业	4	2	230.00
有色金属矿采选业	3		25.00
非金属矿采选业	13	1	210.00
其他采矿业			
农副食品加工业	219	27	1081.10
食品制造业	182	29	740.70
饮料制品业	106	39	760.50
烟草制品业	7		258.00
纺织业	2448	624	115446.30
纺织服装、鞋、帽制造业	100	21	266.50
皮革、毛皮、羽毛(绒)及其制品业	297	40	1273.40
木材加工及木、竹、藤、棕、草制品业	85	2	560.10
家具制造业	439	1	971.30
造纸及纸制品业	510	140	9816.40
印刷业和记录媒介的复制	21	9	191.00
文教体育用品制造业	15		61.80
石油加工、炼焦及核燃料加工业	19	9	7274.10
化学原料及化学制品制造业	1382	223	29869.80

4－3　续表7

行　业	废气治理设施（套）	#脱硫设施	本年运行费用（万元）
医药制造业	484	50	7139.80
化学纤维制造业	165	69	4777.40
橡胶制品业	205	27	2575.10
塑料制品业	469	43	7649.60
非金属矿物制品业	3476	60	35482.70
黑色金属冶炼及压延加工业	432	36	45823.10
有色金属冶炼及压延加工业	384	48	6960.40
金属制品业	1017	33	3257.00
通用设备制造业	561	11	1709.00
专用设备制造业	52	8	1329.30
交通运输设备制造业	108	4	1402.60
电气机械及器材制造业	316	4	1380.30
通信设备、计算机及其他电子设备制造业	241	28	1181.80
仪器仪表及文化、办公用品机械制造业	10		22.30
工艺品及其他制造业	40	14	147.40
废弃资源和废旧材料回收加工业	29	1	137.00
电力、热力的生产和供应业	684	461	453986.20
燃气生产和供应业	2		10.00
水的生产和供应业			
其它行业			

4－4　主要城市工业废气排放及处理情况(2009年)

单位:吨

城　　市	工业二氧化硫排放量	工业烟尘排放量	工业粉尘排放量	工业二氧化硫去除量
杭州市	92925.60	35417.70	18349.40	80713.40
宁波市	128709.00	29080.20	7404.10	711461.60
温州市	53336.60	5834.90	33.50	65221.00
嘉兴市	102805.40	19996.00	19181.40	104628.40
湖州市	58694.60	11934.60	29290.40	71386.20
绍兴市	57880.00	18791.50	6992.20	41933.70
金华市	48861.30	22964.30	19007.40	51101.70
衢州市	29752.10	10330.80	55090.10	56988.60
舟山市	23358.00	15629.90	973.10	114601.00
台州市	66826.90	6975.40	338.20	107777.00
丽水市	13852.90	2758.10	11680.10	2965.00

4－4　续表

单位:吨

城　　市	工业烟尘去除量	工业粉尘去除量	废气治理设施(套)	脱硫设施	本年运行费用(万元)
杭州市	1210748.00	935500.80	1776	437	78786.3
宁波市	5480721.00	558073.30	2197	274	146449.0
温州市	516277.90	283.60	1288	88	28351.0
嘉兴市	1056008.00	308914.00	1950	498	51846.1
湖州市	824629.70	2109206.00	1154	171	34712.3
绍兴市	333622.60	244737.90	2169	190	27972.1
金华市	1000013.00	124004.00	1249	108	283975.4
衢州市	339344.90	4364625.00	1139	53	25452.8
舟山市	282577.60	744.50	97	34	1831.4
台州市	1279023.00	4792.70	877	177	57648.4
丽水市	20323.40	46556.00	630	34	6995.4

五、固体废物

Solid Wastes

鄞州区垃圾填埋场

5－1 全省历年工业固体废物产生、排放和综合利用情况（2000－2009年）

年份	工业固体废物产生量（万吨）	工业固体废物排放量（万吨）	工业固体废物综合利用量（万吨）	工业固体废物贮存量（万吨）	工业固体废物处置量（万吨）	工业固体废物综合利用率（%）	“三废”综合利用产品产值（亿元）
2000	1385.73	6.42	1099.41	142.25	102.51	79.34	12.29
2001	1603.15	5.40	1390.24	129.84	139.16	83.56	39.51
2002	1778.00	5.16	1506.00	131.55	159.76	83.56	40.20
2003	1976.00	4.44	1722.00	33.82	222.40	86.94	40.37
2004	2317.66	4.43	2037.27	15.52	256.41	87.83	56.76
2005	2513.83	5.64	2335.51	24.61	157.65	92.56	57.51
2006	3096.31	5.18	2854.83	90.15	161.91	91.77	149.80
2007	3613.45	1.44	3333.72	101.06	179.06	92.23	224.06
2008	3785.11	1.67	3497.54	222.53	180.61	92.19	240.98
2009	3909.66	0.78	3585.85	74.70	255.96	91.55	251.32

5-2 各地区工业固体废物产生和排放情况(2009 年)

地　区	工业固体废物产生量(万吨)	危险废物(吨)	工业固体废物排放量(万吨)
全　省	**3909.66**	**601052.56**	**0.78**
杭州市	635.19	71953.03	0.27
宁波市	972.38	167903.54	0.05
温州市	195.48	66914.91	0.19
嘉兴市	365.63	16159.26	
湖州市	225.62	45986.52	0.01
绍兴市	335.22	106509.17	
金华市	286.62	75345.13	0.03
衢州市	441.38	7339.65	0.08
舟山市	63.14	2148.47	0.03
台州市	242.06	24313.08	0.12
丽水市	146.95	16479.80	

5-3 各地区工业固体废物综合利用和处置情况(2009 年)

单位:万吨

地　区	工业固体废物综合利用量	#危险废物(吨)	#综合利用往年贮存量	工业固体废物贮存量
浙江省	**3585.85**	**276139.71**	**7.17**	**74.70**
杭州市	606.19	58749.39	0.01	0.14
宁波市	811.88	73256.66	0.06	52.07
温州市	183.62	4066.21	0.01	0.78
嘉兴市	357.87	3896.43		0.25
湖州市	225.30	15979.00	7.00	0.02
绍兴市	271.12	37313.70		2.65
金华市	282.56	56844.11		0.02
衢州市	426.73	5652.60	0.02	8.05
舟山市	62.75	910.58	0.07	
台州市	225.07	9074.24		3.21
丽水市	132.76	10396.80		7.50

5－3　续表

单位:万吨

地　区	工业固体废物处置量（万吨）	危险废物（吨）	工业固体废物综合利用率（%）	“三废”综合利用产品产值（万元）
浙江省	**255.96**	**376255.93**	**91.55**	**251.32**
杭州市	28.60	13012.34	95.43	158.61
宁波市	108.63	94920.01	83.49	27.89
温州市	10.91	55096.62	93.93	2.07
嘉兴市	7.52	12262.84	97.88	13.52
湖州市	7.28	29937.23	96.86	7.05
绍兴市	61.46	81826.83	80.88	10.93
金华市	4.03	18460.32	98.58	7.85
衢州市	6.54	48439.81	96.68	5.40
舟山市	0.43	1237.89	99.27	1.47
台州市	13.78	15108.02	92.98	13.84
丽水市	6.79	5954.00	90.35	2.68

5-4 各行业工业固体废物产生和排放情况（2009年）

单位:万吨

行　　业	工业固体废物产生量	危险废物（吨）	工业固体废物排放量
行业总计	**3667.66**	**601052.56**	**0.40**
黑色金属矿采选业	66.81	51.00	
有色金属矿采选业	79.38	4100.00	
非金属矿采选业	87.05	109.80	8
其他采矿业	6.00		
农副食品加工业	17.05	28.50	4
食品制造业	21.51	2212.63	
饮料制造业	21.17	1.19	
烟草制品业	0.64	3.91	
纺织业	183.02	8538.08	2
纺织服装、鞋、帽制造业	2.54	42.87	3
皮革、毛皮、羽毛(绒)及其制品业	13.15	4276.69	5
木材加工及木、竹、藤、棕、草制品业	18.83	12.92	
家具制造业	2.32	134.34	
造纸及纸制品业	205.49	371.24	7
印刷业和记录媒介的复制	1.00	7.00	
文教体育用品制造业	0.66	409.57	
石油加工、炼焦及核燃料加工业	33.07	29800.16	
化学原料及化学制品制造业	286.13	253185.89	1

5-4　续表

单位:万吨

行　业	工业固体废物产生量	危险废物(吨)	工业固体废物排放量
医药制造业	14.95	29363.49	1
化学纤维制造业	18.52	1946.33	
橡胶制品业	12.78	463.31	1
塑料制品业	25.49	9687.07	
非金属矿物制品业	138.43	67.24	
黑色金属冶炼及压延加工业	2.51		
有色金属冶炼及压延加工业	439.38	66550.28	
金属制品业	42.31	5222.30	
通用设备制造业	34.40	54999.47	2
专用设备制造业	23.04	4233.59	5
交通运输设备制造业	4.67	6000.00	
电气机械及器材制造业	27.40	4538.15	
通信设备、计算机及其他电子设备制造业	3.94	6035.76	
仪器仪表及文化、办公用机械制造业	4.09	4142.79	
工艺品及其他制造业	0.31	210.64	
废弃资源和废旧材料回收加工业	8.57	1006.00	1
电力、热力的生产和供应业	2.12	553.95	
燃气生产和供应业	1827.29	112742.36	
水的生产和供应业	1659.27		
其它行业	4.00		

5-5 各行业工业固体废物综合利用和处置情况(2009年)

单位:万吨

行　　业	工业固体废物综合利用量	危险废物(吨)	工业固体废物处置量	危险废物(吨)
行业合计	**3364.17**	**276139.71**	**237.99**	**376255.93**
黑色金属矿采选业	23.15	51.00	43.66	
有色金属矿采选业	68.34	310.00	1.12	1000.00
非金属矿采选业	75.34	109.80	5.69	
其他采矿业	6.00			
农副食品加工业	15.69		1.38	288.50
食品制造业	20.57	2191.70	0.91	21.17
饮料制造业	20.41		0.76	1.19
烟草制品业	0.20		0.43	3.91
纺织业	162.25	622.53	20.58	7620.27
纺织服装、鞋、帽制造业	2.40		0.11	42.86
皮革、毛皮、羽毛(绒)及其制品业	11.09	147.00	1.93	4123.59
木材加工及木、竹、藤、棕、草制品业	18.74		8.00	12.92
家具制造业	1.96	42.00	0.37	92.34
造纸及纸制品业	137.01	9.41	68.40	361.83
印刷业和记录媒介的复制	0.97		3.00	7.00
文教体育用品制造业	0.58		8.00	409.57
石油加工、炼焦及核燃料加工业	32.43	28938.96	0.58	253.51
化学原料及化学制品制造业	253.28	110615.37	29.43	201539.74

5－5　续表1

单位:万吨

行　业	工业固体废物综合利用量	危险废物(吨)	工业固体废物处置量	危险废物(吨)
医药制造业	11.91	12051.17	2.99	16933.49
化学纤维制造业	17.98	853.50	0.53	1057.49
橡胶制品业	12.64	350.92	0.13	132.80
塑料制品业	24.19	5.00	1.30	9684.52
非金属矿物制品业	136.62	41.50	1.78	25.74
黑色金属冶炼及压延加工业	2.51			
有色金属冶炼及压延加工业	422.21	48453.83	3.26	18096.45
金属制品业	41.55	2417.70	0.78	2899.70
通用设备制造业	28.56	9742.55	5.78	44870.51
专用设备制造业	21.52	463.43	1.45	3648.06
交通运输设备制造业	4.57	20.10	0.10	579.40
电气机械及器材制造业	26.77	1931.60	0.63	2538.85
通信设备、计算机及其他电子设备制造业	3.35	3196.64	0.73	4178.55
仪器仪表及文化、办公用机械制造业	3.28	716.42	0.79	3296.53
工艺品及其他制造业	0.28		3.00	202.64
废弃资源和废旧材料回收加工业	8.49	21.00	8.00	79.06
电力、热力的生产和供应业	1.33		0.78	524.96
燃气生产和供应业	1754.41	52841.54	41.27	52628.82
水的生产和供应业	1601.63		26.76	
其它行业			4.00	

5－5　续表2

单位:万吨

行　业	工业固体废物综合利用率(%)	“三废”综合利用产品产值(万元)
行业合计	**91.55**	**251.32**
黑色金属矿采选业	34.65	2.00
有色金属矿采选业	86.09	0.11
非金属矿采选业	86.55	0.27
其他采矿业	100.00	
农副食品加工业	91.73	1.17
食品制造业	95.61	0.25
饮料制造业	96.40	0.55
烟草制品业	31.78	
纺织业	88.65	2.44
纺织服装、鞋、帽制造业	94.52	0.09
皮革、毛皮、羽毛(绒)及其制品业	84.32	0.41
木材加工及木、竹、藤、棕、草制品业	99.56	0.51
家具制造业	84.17	0.27
造纸及纸制品业	66.67	153.88
印刷业和记录媒介的复制	97.30	0.01
文教体育用品制造业	87.36	0.04
石油加工、炼焦及核燃料加工业	98.06	4.67
化学原料及化学制品制造业	88.51	11.05

5-5 续表3

单位:万吨

行业	工业固体废物综合利用率(%)	“三废”综合利用产品产值(万元)
医药制造业	79.60	3.82
化学纤维制造业	97.01	3.66
橡胶制品业	98.90	1.54
塑料制品业	94.91	1.92
非金属矿物制品业	98.69	29.76
其中:水泥制造	100	0.34
黑色金属冶炼及压延加工业	96.09	6.29
有色金属冶炼及压延加工业	98.17	6.59
金属制品业	83.05	2.46
通用设备制造业	93.42	3.16
专用设备制造业	97.91	0.26
交通运输设备制造业	97.66	2.56
电气机械及器材制造业	84.93	1.83
通信设备、计算机及其他电子设备制造业	79.19	0.46
仪器仪表及文化、办公用机械制造业	89.74	0.03
工艺品及其他制造业	99.03	0.23
废弃资源和废旧材料回收加工业	62.93	7.39
电力、热力的生产和供应业	95.65	3.66
其中:火力发电	96.12	2.82
燃气生产和供应业		
水的生产和供应业	100.00	

5-6 主要城市工业固体废物产生、排放和综合利用情况(2009年)

单位:万吨

城　　市	工业固体废物产生量	危险废物(吨)	工业固体废物综合利用量	工业固体废物排放量	工业固体废物综合利用率(%)
杭州市	635.19	71953.03	606.19	0.27	95.43
宁波市	972.38	167903.54	811.88	0.05	83.49
温州市	195.48	66914.91	183.62	0.19	93.93
嘉兴市	365.63	16159.26	357.87		97.88
湖州市	225.62	45986.52	225.30	0.01	96.86
绍兴市	335.22	106509.17	271.12		80.88
金华市	286.62	75345.13	282.56	0.03	98.58
衢州市	441.38	7339.65	426.73	0.08	96.68
舟山市	63.14	2148.47	62.75	0.03	99.27
台州市	242.06	24313.08	225.07	0.12	92.98
丽水市	146.95	16479.80	132.76		90.35

5-7 沿海城市工业固体废物产生、排放和综合利用情况(2009年)

单位:万吨

城　　市	工业固体废物产生量	危险废物(吨)	工业固体废物综合利用量	工业固体废物排放量	工业固体废物综合利用率(%)
宁波市	972.38	167903.54	811.88	0.05	83.49
温州市	195.48	66914.91	183.62	0.19	93.93
嘉兴市	365.63	16159.26	357.87		97.88
舟山市	63.14	2148.47	62.75	0.03	99.27
台州市	242.06	24313.08	225.07	0.12	92.98

5-8 各地区医疗废物产生和处置情况(2009年)

地　　区	医疗废物产生量（吨）	医疗废物处置量（吨）	医疗废物处理设施数（个）	处理设施运行费用（万元）	放射源数（个）
全　省	**24840.15**	**24730.96**	**327.00**	**43327.10**	**325**
杭州市	5922.71	5922.71	49.00	245.40	81
宁波市	3743.65	3743.65	24.00	411.40	55
温州市	2423.83	2416.32	8.00	41212.40	95
嘉兴市	1242.57	1242.57	8.00	403.10	14
湖州市	516.50	513.17	4.00	97.60	
绍兴市	1466.88	1424.00	6.00	306.70	1
金华市	1296.60	1296.60	2.00	107.80	45
衢州市	202.82	198.35	6.00	69.80	9
舟山市	419.41	419.41	202.00	17.00	
台州市	6790.14	6789.90	7.00	390.60	23
丽水市	815.04	764.28	11.00	65.30	2

六、自然生态

Natrual Ecology

6-1 全省历年自然生态情况(2000-2009年)

年　份	自然保护区数(个)	自然保护区面积(万公顷)	保护区面积占辖区面积比重(%)	除涝面积(千公顷)	水土流失治理面积(千公顷)
2000	29	13.20	1.30	474.50	211.75
2001	29	13.50	1.30	472.12	206.74
2002	46	15.90	1.56	477.03	2072.38
2003	50	16.20	1.59	479.93	2134.07
2004	50	27.70	2.70	482.76	220.76
2005	55	26.30	2.50	489.28	222.80
2006	137	26.40	2.54	491.88	227.48
2007	48	12.43	1.20	495.36	233.67
2008	32	13.02	1.25	496.61	2334.58
2009	32	13.02	1.25	496.61	2401.85

6-2 各地区自然保护基本情况(2009年)

地　区	自然保护区数(个)	#国家级	#省　级	自然保护区面积(公顷)	#国家级	#省　级	保护区面积占辖区面积比重(%)
全　省	**32**	**9**	**9**	**130220**	**79576**	**12961**	**1.25**
杭州市	3	2	0	15155	15084	0	0.91
宁波市	5	0	1	15760		730	1.63
温州市	4	2	1	22779	19975	2249	1.93
嘉兴市							0.00
湖州市	6	1	2	6697	275	1322	1.15
绍兴市	2	0	1	5172		5072	0.63
金华市	4	1		18358	4558		1.68
衢州市	2	1	1	10119	8107	2012	1.14
舟山市	1	0	1	21		21	0.01
台州市	1	0		3027			0.32
丽水市	4	2	2	33132	31577	1555	1.92

资料来源:环境保护厅。

6－3　海洋类型自然保护区建设情况(2009 年)

海　　域	保护区个数							保护区面积（平方公里）
	合计	按保护级别分			按保护类型分			
		国家级	省级	地县级	海洋海岸生态系统	海洋自然遗　　迹	海洋生物多 样 性	
全　　省	**9**	**5**	**4**		**4**	**1**	**4**	**2238.94**
温州南麂列岛保护区	1	1					1	201.06
宁波韭山列岛保护区	1		1				1	1149.50
舟山五峙山列岛保护区	1		1				1	5.00
乐清西门岛特别保护区	1	1					1	30.80
嵊泗马鞍列岛特别保护区	1	1			1			549.00
普陀中街山列岛特别保护区	1	1			1			202.90
瑞安铜盘岛特别保护区	1		1			1		22.08
宁波渔山列岛特别保护区	1	1			1			57.00
台州大陈海洋生态特别保护区	1		1		1			21.60

6－4　各地区地质公园建设情况(2009 年)

地　区	地质公园（个）	#国家级	地质公园面　积（公顷）	#国家级	地质公园类别（个）			建设投资（万元）	#本年投资
					地　质构造、剖面和形迹	古生物化　石	地质地貌景　观		
全　省	**7**	**4**	**60118**	**44546**	**1**	**1**	**5**	**31141**	**1816**
杭州市									
宁波市	1		600				1		
温州市	1	1	26900	26900			1	6900	600
嘉兴市									
湖州市								15000	
绍兴市	1	1	6876	6876		1		2770	500
金华市	1		5084				1		
衢州市	1	1	4070	4070	1			2047	400
舟山市									
台州市	1	1	6700	6700			1	4218	220
丽水市	1		9888				1	206	96

资料来源：国土资源厅（下表同）。

6－5　各地区矿山环境保护情况(2009年)

地　区	矿山占用破坏土地(公顷)	尾矿堆放	露天采坑	采矿塌陷	矿山环境恢复治理				
					项目(个)	投入资金(万元)	中央财政	地方财政	恢复面积(公顷)
全　省	**725.85**	**158.44**	**492.80**	**30**	**181**	**18118.62**	**1803**	**14362.20**	**454.04**
杭州市	6.83	0.30	6.53		5	2057.83	120	1017.08	17.88
宁波市	96.06	6.03	90.03		15	354.29		354.29	23.75
温州市	44.61				5	1686.03	450	203.36	24.91
嘉兴市									
湖州市	198.41		198.41		22	894.55		894.55	126.89
绍兴市					25	2293.00		2293.00	114.00
金华市	3.67	0.11	3.56		45	1777.33		1777.33	79.17
衢州市	376.27	152.00	194.27	30	38	940.24		940.24	20.11
舟山市					10	3765	1233	2532.00	21.00
台州市					16	4350.35		4350.35	26.33
丽水市									

6－6　各流域除涝情况(2009年)

单位:千公顷

	易涝耕地面积	除涝面积				本年除涝面积	
		小　计	3～5年	5～10年	10年以上	新　增	减　少
浙江省	**538.68**	**496.61**	**129.41**	**191.70**	**175.50**	**2.14**	**1.70**
太湖流域	237.22	226.66	24.96	73.01	128.69	0.34	0.31
东南诸河流域	301.46	269.95	104.45	118.69	46.81	1.80	1.39

资料来源:水利厅(以下各表同)。

6－7　各流域水土流失治理情况（2009年）

单位：千公顷

流域片	原有水土流失面积	水土流失治理面积	其中：小流域治理面积	水土流失治理面积	
				新　增	减　少
浙江省	**2835.90**	**2401.85**	**582.79**	**84.91**	**17.64**
太湖流域	304.43	270.86	12.64	4.93	0.57
东南诸河流域	2531.47	2130.99	570.15	79.98	17.07

6－8　各地区除涝情况（2009年）

单位：千公顷

地　　区	易涝耕地面积	除涝面积	本年除涝面积	
			新　增	减　少
全　省	**538.68**	**496.61**	**2.14**	**1.70**
杭州市	57.84	53.27	0.09	0.31
宁波市	78.22	73.16	0.81	0.71
温州市	73.09	66.48	0.62	0.64
嘉兴市	114.58	107.38	0.32	
湖州市	93.20	91.27	0.02	
绍兴市	41.52	41.51	0.15	
金华市	14.60	11.36	0.06	
衢州市	2.74	2.53	0.02	0.02
舟山市	5.33	5.33	0.05	
台州市	50.49	37.31		
丽水市	7.07	7.01		0.02

6－9　各地区水土流失治理情况(2009 年)

单位:千公顷

地　　区	原有水土流失面积	水土流失治理面积		水土流失治理面积	
			#小流域治理面积	新　增	减　少
全　省	**2835.90**	**2401.85**	**582.79**	**84.91**	**17.64**
杭州市	750.91	677.10	90.50	14.63	1.57
宁波市	147.64	143.54	23.92	6.52	5.68
温州市	515.31	432.68	120.91	14.45	2.34
嘉兴市	0.37	0.37			
湖州市	39.16	38.19	11.83	1.12	
绍兴市	132.87	84.33	25.28	9.20	0.04
金华市	331.83	288.76	157.08	7.85	1.25
衢州市	357.00	301.23	43.09	12.29	3.38
舟山市	30.36	29.99	13.53	1.10	
台州市	292.93	272.61	67.97	5.26	0.46
丽水市	237.52	133.05	28.68	12.49	2.92

6－10　各地区湿地情况(2009 年)

单位:公顷

地　区	湿地面积	自然湿地					人工湿地	湿地面积占我省土地面积比重(%)
			近岸及海岸	河　流	湖　泊	沼　泽		
全　省	**2467775**	**891083**	**612763**	**267482**	**10346**	**493**	**1576692**	**23.41**
杭州市	289395	60240	26355	33325	484	76	229156	17.18
宁波市	355202	174376	154671	19705	0	0	180826	36.64
温州市	332691	197257	171470	25787	0	1	135434	27.15
嘉兴市	260229	65866	42435	19596	3835	0	194363	64.92
湖州市	184701	29006	0	24314	4575	116	155695	31.74
绍兴市	208643	49161	20018	27691	1452	0	159482	25.27
金华市	193301	28430	0	28430	0	0	164871	17.69
衢州市	131954	28401	0	28391	0	10	103553	14.93
舟山市	55299	35767	35248	519	0	0	19532	40.13
台州市	328409	185797	162126	23670	0	0	142613	32.57
丽水市	127949	36782	440	36053	0	289	91167	7.40

注:该数据为 2006 年的调查数,湿地调查起点面积在 8 公顷以上。

七、土地利用

Land Use

7-1 全省历年土地利用情况(2000-2008年)

单位:万公顷

年份	农用地	#耕地	#园地	#林地	#牧草地	建设用地	居民点及工矿用地	交通运输用地	水利设施用地
2000	872.96	208.93	60.02	555.36	0.16	78.21	58.69	5.31	14.21
2001	871.45	208.17	58.97	556.25	0.15	80.50	60.71	5.51	14.28
2002	868.99	204.61	58.28	557.11	0.15	83.77	63.58	5.83	14.35
2003	866.28	203.04	56.82	557.36	0.15	87.42	66.70	6.34	14.38
2004	864.08	199.86	58.22	557.07	0.15	90.68	69.28	7.01	14.39
2005	871.15	194.77	65.54	562.05	0.05	94.09	72.63	8.00	13.46
2006	872.66	191.65	69.23	564.48	0.05	97.48	75.40	8.57	13.51
2007	869.88	191.75	67.79	563.71	0.05	101.31	78.65	9.03	13.64
2008	867.15	192.09	66.15	562.88	0.05	104.93	81.71	9.46	13.76

注:1.表内数据为年度土地变更调查数据。

2.2000年、2001年土地利用分类为《土地利用现状分类》(8大类)分类,2002-2008为《全国土地分类》(过渡时期适用)分类,为使数据有可比性,2000年、2001年数据按《全国土地分类》(过渡时期适用)地类进行归并统计。

3.《全国土地分类》(过渡时期适用)分类中,农用地分耕地、园地、林地、草地和其他农用地,因此本表中农用地面积≥耕地+园地+林地+草地。

4.2002年开始,即《全国土地分类》(过渡时期适用)中的土地分类增设了可调整地类(耕地变为可调整地类不视为耕地减少),本表中耕地面积未包含可调整地类面积,园地、林地、草地中则未扣除可调整地类面积。

7-2 各地区土地利用情况(2008年)

单位:公顷

地 区	土地调查面 积	农用地	耕 地	林 地	园 地	牧草地
全 省	**10539734.17**	**8671549.71**	**1920854.81**	**661452.87**	**5628794.47**	**483.66**
杭州市	1684075.19	1382011.99	216539.49	107146.09	1005332.84	44.29
宁波市	969550.53	676376.73	206119.35	59675.47	359302.92	
温州市	1225576.69	969131.07	235102.30	37249.25	641067.67	32.66
嘉兴市	400875.37	274512.50	208904.49	31506.03	5282.61	
湖州市	581844.30	471801.75	149975.55	53629.29	225740.09	
绍兴市	825572.55	674102.42	191170.59	70201.48	355808.20	
金华市	1092615.87	941126.47	224272.96	76025.57	593100.74	
衢州市	884111.79	777294.79	136046.23	85242.65	526271.94	
舟山市	137799.83	87858.23	22768.99	4078.27	51478.30	
台州市	1008339.34	792592.87	183282.91	67367.32	499318.96	79.77
丽水市	1729372.70	1624740.89	146671.96	69331.43	1366090.21	326.94

资料来源:国土资源部门(下表同)。

7-2　续表

单位:公顷

地　区	建设用地	居民点及工矿用地	交通运输用地	水利设施用地
全　省	**1049275.91**	**817070.03**	**94560.92**	**137644.96**
杭州市	204795.44	125463.55	18679.63	60652.26
宁波市	147523.17	121093.46	13442.49	12987.23
温州市	89284.07	76166.77	7868.90	5248.41
嘉兴市	90264.10	82793.56	6804.84	665.70
湖州市	75225.62	63040.85	6244.45	5940.32
绍兴市	95855.51	79778.30	8271.11	7806.10
金华市	111123.67	87513.43	10952.49	12657.75
衢州市	62533.49	46820.66	6101.97	9610.86
舟山市	26514.37	22582.58	2053.68	1878.11
台州市	97292.66	78989.49	7759.31	10543.86
丽水市	48863.81	32827.38	6382.06	9654.37

7-3　各地区耕地变动情况(2008年)

单位:公顷

地　区	年初耕地面　积	本年增加耕地面积	整　理	开　垦	开　发	农业结构调　整
全　省	**1917536.11**	**24378.79**	**9718.85**	**2348.86**	**9751.92**	**2426.51**
杭州市	217646.62	4050.08	697.75	279.13	1899.56	1135.53
宁波市	206789.25	2303.87	439.85	406.37	1445.58	11.87
温州市	234995.06	1472.18	802.32	144.76	524.95	0.07
嘉兴市	208746.21	2897.07	1872.08	412.25	608.55	4.11
湖州市	149647.01	2029.77	666.29	433.93	887.44	42.11
绍兴市	191354.22	1380.95	527.19	119.09	702.33	16.63
金华市	224268.84	1681.05	818.63	35.14	816.36	10.93
衢州市	134111.00	2969.82	1371.81	164.76	1376.02	57.23
舟山市	22872.25	86.03	11.37	64.45	10.21	
台州市	182431.95	2893.45	853.54	126.61	697.05	1137.75
丽水市	144673.71	2614.53	1658.01	162.37	783.87	10.28

7-3　续表

单位:公顷

地　区	本年减少耕地面积	建设占用	灾害损毁	生态退耕	农业结构调　整	年末耕地面　积	人均耕地面积(亩)
全　省	**21060.09**	**20462.62**	**-**	**-**	**470.09**	**1920854.81**	**0.56**
杭州市	5157.21	5009.05	-	-	126.03	216539.49	0.41
宁波市	2973.78	2971.73	-	-	0.17	206119.34	0.44
温州市	1364.94	1363.32	-	-		235102.30	0.44
嘉兴市	2738.79	2738.79	-	-		208904.48	0.74
湖州市	1701.23	1685.81	-	-	5.54	149975.54	0.80
绍兴市	1564.58	1500.90	-	-		191170.59	0.62
金华市	1676.93	1675.18	-	-	1.75	224272.96	0.65
衢州市	1034.59	1034.59	-	-		136046.23	0.92
舟山市	189.29	189.29	-	-		22769.00	0.32
台州市	2042.48	1705.63	-	-	331.59	183282.92	0.48
丽水市	616.27	588.33	-	-	5.01	146671.96	0.96

八、林业

Forestry

8-1 全省历年造林情况(2000-2009年)

单位:公顷

年　份	造林总面积	人工造林	飞播造林	无林地和疏林地新封
2000	246240	33310		212930
2001	806435	21388		785047
2002	33874	21206		12668
2003	40691	22114		18577
2004	29796	20948		8848
2005	30446	20341		10105
2006	19588	11368		8220
2007	11584	6206		5378
2008	8524	6892		1632
2009	27422	19378		8044

8－2　各地区造林情况(2009 年)

单位:公顷

地　　区	造　林 总面积	按林种用途分				
		用材林	经济林	防护林	薪炭林	特殊用途林
全　省	**27422**	**1503**	**1790**	**24126**	—	**3**
杭州市	2158	352	313	1493	—	
宁波市	924	83	114	724	—	3
温州市	7851	230	32	7589	—	
嘉兴市	1118		158	960	—	
湖州市	937	15	47	875	—	
绍兴市	2543	39	828	1676	—	
金华市	1099	135	89	875	—	
衢州市	848	14	11	823	—	
舟山市	1389		30	1359	—	
台州市	6352	9		6343	—	
丽水市	2203	626	168	1409	—	

8－2　续表

单位:公顷

地　区	按造林方式分			有林地和灌木林地新封	年末实有封山(沙)育林面积
	人工造林	飞机播种	无林地和疏林地新封		
全　省	**19378**		**8044**	**3991**	**886800**
杭州市	1156		1002	93	51681
宁波市	882		42	3552	86424
温州市	5803		2048		78455
嘉兴市	1118				473
湖州市	937				37043
绍兴市	2143		400		33466
金华市	697		402		95094
衢州市	681		167		6548
舟山市	1389				6971
台州市	3567		2785	346	8974
丽水市	1005		1198		481671

8－3　三北、长江流域等重点防护林体系工程建设情况（2009 年）

单位：公顷

地　区	当年造林面积	人工造林	飞播造林	无林地和疏林地本年新封	实际完成投资（万元）	#国家投资
全　省	**24301**	**17417**	**0**	**6884**	**23124**	**20862**
杭州市	1650	917	0	733	1711	1130
宁波市	587	545	0	42	1558	1534
温州市	7819	5771	0	2048	5228	5209
嘉兴市	987	987	0	0	1582	1582
湖州市	903	903	0	0	1305	970
绍兴市	1747	1347	0	400	2022	2022
金华市	951	549	0	402	549	499
衢州市	848	681	0	167	609	537
舟山市	1359	1359	0	0	3506	2528
台州市	6352	3567	0	2785	4280	4280
丽水市	1098	791	0	307	774	571

8－3　续表

单位：公顷

地　区	当年造林面积（按林种用途分）					低产低效林改造面积
	用材林	经济林	防护林	薪炭林	特种林	
全　省	**674**	**634**	**22993**	**—**	**—**	**42828**
杭州市	232	220	1198	—	—	1246
宁波市	7	20	560	—	—	617
温州市	230		7589	—	—	11041
嘉兴市		130	857	—	—	1034
湖州市	15	47	841	—	—	2552
绍兴市	5	130	1612	—	—	5663
金华市	65	22	864	—	—	1691
衢州市	14	11	823	—	—	2308
舟山市			1359	—	—	5336
台州市	9		6343	—	—	8781
丽水市	97	54	947	—	—	2559

8－4 各地区林业系统野生动植物及自然保护区工程建设情况(2009年)

单位:个,公顷

地 区	自然保护区数	国家级	自然保护区面积	国家级	禁猎(采)区个数	禁猎(采)区面积	野生动物种源繁育基地数
全 省	**13**	**6**	**89886**	**74081**	**39**	**62205**	**56**
杭州市	2	2	15536	15536	2	15500	7
宁波市					14	8951	13
温州市	2	1	19417	18862			1
嘉兴市							
湖州市	2		1312				1
绍兴市	1		5071				6
金华市	1		3000		14	14983	27
衢州市	1	1	8107	8107			1
舟山市							
台州市	1		4667		4	7152	
丽水市	3	2	32776	31576	5	15619	

8－4 续表

单位:个,万元

地 区	国际重要湿地		珍惜野生植物培植基地	#植物园	野生动物园	狩猎场	投资完成额(万元)	#国家投资
	个数	面积(公顷)						
全 省	**1**	**325**	**11**	**2**	**4**	**2**	**703**	**703**
杭州市	1	325	1	1	1			
宁波市			1		1	1		
温州市								
嘉兴市								
湖州市							241	241
绍兴市							133	133
金华市			7	1	1			
衢州市							259	259
舟山市								
台州市					1		35	35
丽水市			2			1	35	35

九、自然灾害

Natural Disasters

9-1 全省历年自然灾害情况(2000-2009年)

年份	地质灾害			地震灾害		
	灾害次数（次）	人员伤亡（人）	直接经济损失（万元）	灾害次数（次）	人员伤亡（人）	直接经济损失（万元）
2000	126		500			
2001	63	17	784			
2002	201	13	3173			
2003	62	1	455			
2004	97	50	6182			
2005	375	66	8500			
2006	192	47	4301	1		9936
2007	61	19	2006			
2008	116	3	690			
2009	247	43	6584			

9-1 续表

年份	海洋灾害			森林火灾		
	灾害次数（次）	死亡、失踪人数（人）	直接经济损失（亿元）	灾害次数（次）	人员伤亡（人）	经济损失（万元）
2000				760	45	75.57
2001				369	5	32.54
2002				639	15	104.11
2003				866	18	244.66
2004	101	50	16.4	1125	46	187.26
2005	99	10	11.5	718	24	2666.81
2006	87	36	8.1	330	15	943.72
2007	97	11	16	272	7	786.64
2008	75	8	1.0	425	14	2676.18
2009	67	17	12.0	247	5	1406.22

9-2 各地区自然灾害损失情况(2009年)

单位:千公顷

地区	合计		旱灾		洪涝灾害	
	受灾	绝收	受灾	绝收	受灾	绝收
浙江省	**444.69**	**57.72**	**5.90**	**1.77**	**77.19**	**13.42**
杭州市	26.95	2.70			8.15	0.53
宁波市	53.19	4.98			2.06	0.08
温州市	98.18	18.23				
嘉兴市	7.88	1.40				
湖州市	27.10	0.13				
绍兴市	33.38	2.92	2.93	0.92	3.59	0.40
金华市	23.16	3.88			6.67	1.63
衢州市	17.46	1.58	2.97	0.85	10.90	0.47
舟山市	25.82	2.90			10.85	2.10
台州市	99.68	12.03			31.21	7.06
丽水市	31.87	6.97			3.76	1.15

9－2　续表1

单位:千公顷

地　区	风雹灾害		台风灾害		低温冷冻和雪灾害	
	受　灾	绝　收	受　灾	绝　收	受　灾	绝　收
浙江省	**7.20**	**2.65**	**353.64**	**39.58**	**0.25**	**0.06**
杭州市	0.67	0.17	18.13	2.00		
宁波市			51.14	4.90		
温州市			98.18	18.23		
嘉兴市	1.63	1.16	6.25	0.24		
湖州市			27.10	0.13		
绍兴市	0.25	0.02	26.62	1.58		
金华市	3.19	1.22	13.30	1.03		
衢州市	1.13	0.08	2.45	0.18		
舟山市			14.56	0.66		
台州市			67.67	4.83	0.25	0.06
丽水市	0.33		27.44	5.80		

9－2　续表2

单位:千公顷

地　区	低温冷冻和雪灾害		山体滑坡和泥石流灾害	
	受　灾	绝　收	受　灾	绝　收
浙江省	**0.25**	**0.06**	**0.90**	**0.13**
杭州市				
宁波市				
温州市				
嘉兴市				
湖州市				
绍兴市				
金华市				
衢州市				
舟山市				
台州市	0.25	0.06	0.55	0.11
丽水市			0.35	0.02

9－2　续表3

地　区	人口受灾		直接经济损失（万元）
	受灾人口(万人次)	死亡人口(人)	
浙江省	**1071.27**	**21**	**1198727.95**
杭州市	52.91	11	98987.25
宁波市	55.09	3	156726.51
温州市	321.77	4	379644.67
嘉兴市	15.55	1	19646.40
湖州市	45.70		70526.50
绍兴市	68.91		87851.27
金华市	90.12		50840.90
衢州市	37.96		28608.23
舟山市	33.21		21225.00
台州市	292.77		189091.20
丽水市	57.28	2	95580.02

9－3 地质灾害及防治情况(2009 年)

地　区	发生地质灾害起数（次）	#滑　坡	#崩　塌	#泥石流	#地面塌陷	直接经济损失（万元）
全省	**247**	**147**	**64**	**32**		**6584.1**
杭州	49	20	21	8		2376.85
宁波	27	9	10	7		5
温州	57	43	9	4		662.6
嘉兴	1					
湖州	31	20	8	3		201.5
绍兴	3	2	1			
金华	8	8				60
衢州	16	12	2	2		2086.5
舟山	6	1	5			11.1
台州	27	20	3	3		545.55
丽水	22	12	5	5		635

9－3　续表

地　区	人员伤亡（人）	#死亡人数	地质灾害防治项目数（个）	地质灾害防治投资（万元）	滑坡、泥石流治理面积（公顷）
全省	**35**	**18**	**714**	**18487.57**	**401**
杭州	17	13	190	4572	143
宁波			35	2890.57	15
温州	12	4	120	3011	39
嘉兴					
湖州			15	696	14
绍兴	5		27	789	12
金华			150	2907	80
衢州	1	1	64	677	35
舟山			28	1042	18
台州			40	432	20
丽水			45	1471	25

9－4 海洋灾害情况(2009年)

灾 种	发生次数(次)	死亡、失踪人数(人)	经济损失(万元)
合 计	**67**	**17**	**118741.1**
风暴潮	1	1	11845.0
赤 潮	24	无	无
海 浪	42	16	291.1
海 冰			
浒 苔			

资料来源:省海洋与渔业局。

9－5 各地区森林火灾情况(2009年)

地 区	森林火灾数(次)					火场总面积(公顷)
		森林火警	一般火灾	重大火灾	特大火灾	
全 省	**247**	**51**	**196**			**3547.18**
杭州市	7	1	6			63.95
宁波市	10	4	6			44.51
温州市	56	5	51			1245.46
嘉兴市						
湖州市	4		4			18.10
绍兴市	7	2	5			113.76
金华市	25	2	23			232.57
衢州市	11	2	9			312.39
舟山市	1		1			9.40
台州市	34	9	25			216.64
丽水市	92	26	66			1290.40

9-5 续表

地　　区	受灾森林面积（公顷）	#天然林	#人工林	伤亡人数（人）	#死亡人数	经济损失（万元）
全　省	**1579.55**	**372.24**	**1207.31**	**5.00**	**3.00**	**1406.20**
杭州市	47.57	2.17	45.40	1.00	1.00	11.84
宁波市	29.51	13.91	15.60	1.00	1.00	21.96
温州市	512.08	73.58	438.50			298.00
嘉兴市						
湖州市	15.13		15.13			29.20
绍兴市	51.21	39.37	11.84	1.00		70.11
金华市	163.96	73.49	90.47	1.00	1.00	79.44
衢州市	106.93	32.53	74.40			76.61
舟山市	1.20	1.20				0.40
台州市	90.03	54.81	35.22	1.00		194.48
丽水市	561.93	81.18	480.75			624.18

9-6 各地区森林病虫鼠害防治情况(2009年)

单位:公顷,%

地区	合计			森林病害		
	发生面积	防治面积	防治率	发生面积	防治面积	防治率
全省	**70533.60**	**64288.73**	**91.00**	**20361.93**	**17996.73**	**88.38**
杭州市	13017.93	11972.53	91.97	2360.33	2153.53	91.24
宁波市	11448.73	10964.73	96.00	9898.40	9800.40	99.01
温州市	4428.67	4280.00	97.00	864.80	864.80	100
嘉兴市	640.73	622.07	97.00	239.53	232.87	97.22
湖州市	5923.60	5895.60	100.00	1846.00	1844.67	100
绍兴市	4964.67	4684.67	94.00	1292.93	1140.20	88.19
金华市	3912.40	3329.33	85.00	171.33	99.33	57.98
衢州市	3725.33	3478.60	93.00	105.73	3478.60	3290
舟山市	1847.67			1827.67		
台州市	8962.80	7764.20	87.00	1308.33	1308.33	100
丽水市	11661.07	11297.00	97.00	446.87	446.87	100

9－6 续表

单位:公顷,%

地 区	森林虫害		
	发生面积	防治面积	防治率
全 省	**50171.67**	**46292.00**	**92.27**
杭州市	10657.60	9819.00	92.13
宁波市	1550.33	1164.33	75.10
温州市	3563.87	3415.20	95.83
嘉兴市	401.20	389.20	97.01
湖州市	4077.60	4050.93	99.35
绍兴市	3671.73	3544.47	96.53
金华市	3741.07	3230.00	86.34
衢州市	3619.60	3372.87	93.18
舟山市	20.00		
台州市	7654.47	6455.87	84.34
丽水市	11214.20	10850.13	96.75

9-7 各地区突发环境事件情况(2009年)

单位:次

地 区	事件次数	水污染	大气污染	海洋污染、固体废物污染、噪声与震动污染、生态破坏污染、核与辐射污染	其他污染
全 省	**51**	**28**	**13**	**4**	**8**
杭州市	10	4	5		1
宁波市	4	3	1		
温州市	7	6	1		
嘉兴市	2				2
湖州市	3	1			2
绍兴市	1		1		
金华市	10	7	1	1	1
衢州市	3	1	1	1	
舟山市					
台州市	8	3	3	1	1
丽水市	3	1		1	1

资料来源:省环境保护厅。

9－7　续表

单位:万元

地　区	人员伤亡（人）	直接经济损失	突发环境事件罚款总额	突发环境事件赔款总额
全　省	**2**	**653**	**70**	**107.40**
杭州市		7.90		
宁波市				
温州市		9.60		
嘉兴市		404.50		
湖州市				
绍兴市		0		
金华市		15.40		
衢州市		108		
舟山市				
台州市			50	
丽水市	2	107.40	20	107.40

十、环境投资

Environmental Investment

10－1　全省历年环境污染治理投资情况（2000－2009 年）

单位：万元

年份	环境污染治理投资总额	城市环境基础设施建设投资					
			燃气	集中供热	排水	园林绿化	市容环境卫生
2000	840579	530414	17661	6263	22649	342753	141088
2001	1049904	798221	36545	8955	347363	295167	110191
2002	1209424	898994	31488	2069	369536	381195	114706
2003	1583499	1184386	56554	2782	429447	563312	132291
2004	1560046	1083833	67921	72439	366715	444765	131993
2005	1639809	879265	103509	62785	370163	328811	13997
2006	1584584	761713	83692	48119	304991	234464	90447
2007	1981389	863248	8382	38045	390156	339126	87539
2008	5433359	1290464	115681	24275	572912	491384	86212
2009	2210508	1220882	111798	20618	510848	451429	126189

10－1　续表

单位：万元

年份	工业污染源治理投资						建设项目“三同时”环保投资	环境污染治理投资占GDP比重（%）
		治理废水	治理废气	治理固体废物	治理噪声	治理其他		
2000	223065	120725	74150	2610	910	24670	87100	1.37
2001	111283	59137	34274	3288	492	14092	140400	1.52
2002	104858	59492	35359	2885	834	6288	205572	1.51
2003	152658	74324	33059	3791	2037	39447	246455	1.63
2004	112509	56891	43678	1110	493	10337	363704	1.34
2005	199414	72399	66932	1784	1145	57154	561130	1.22
2006	248673	81717	124904	1694	274	40084	574198	1.01
2007	213773	123772	67700	1942	315	20044	904368	1.06
2008	148007	88153	38358	3188	286	18023	3994889	2.53
2009	193574	57672	108609	16756	58	10479	796052	0.96

10-2 各地区环境污染治理投资情况(2009年)

单位:万元

地区	环境污染治理投资总额	城市环境基础设施建设投资	工业污染源治理投资	建设项目"三同时"环保投资	环境污染治理投资占GDP比重(%)
浙江省	**2210508**	**1220882**	**193574**	**796052**	**0.96**
杭州市	309441	203865	67632.50	37943	0.61
宁波市	333697	194699	22362.10	116636	0.77
温州市	121036	70744	5740.70	44551	0.48
嘉兴市	357995	229429	31239.10	97327	1.87
湖州市	156121	110432	7515.00	38174	1.42
绍兴市	177247	80214	19494.80	77538	0.75
金华市	137939	104986	7488.90	25464	0.78
衢州市	78503	37875	20103.80	20524	1.25
舟山市	100242	12252	453.00	87537	1.87
台州市	107205	82361	8166.90	16677	0.53
丽水市	97460	72061	3377.00	22022	1.78

资料来源:环境保护厅、住房和城乡建设厅。

10－3　各地区环境基础设施建设投资情况(2009 年)

单位:万元

地　区	投资总额	燃　气	集中供热	排　水	#污水处理	园林绿化	市　容环境卫生	#垃圾处理
浙江省	**1220882**	**111798**	**20618**	**510848**	**296814**	**451429**	**126189**	**82888**
杭州市	203865	26779	1633	104027	52397	66415	5011	0
宁波市	194699	26050	0	116729	50838	28663	23257	11978
温州市	70744	5853	0	17189	3201	32385	15317	4446
嘉兴市	229429	18788	10	95872	92316	81611	33148	33112
湖州市	110432	6985	0	25808	1407	73853	3786	70
绍兴市	80214	8234	18975	21352	3039	30488	1165	
金华市	104986	10516	0	47637	26620	39048	7785	2137
衢州市	37875	320	0	14428	12240	14723	8404	7497
舟山市	12252	5515	0	100	100	6637	0	0
台州市	82361	2564	0	40129	37258	22431	17237	15445
丽水市	72061	194	0	15166	10885	47660	9041	6180

资料来源:住房和城乡建设厅。

10-4 各地区工业污染治理投资来源情况(2009年)

单位:万元

地区	污染治理项目本年投资来源总额	排污费补助	政府其他补助	企业自筹	#银行贷款
浙江省	**193573.80**	**2568.70**	**28238.80**	**162766.30**	**19219.50**
杭州市	67632.50		14092.20	53540.30	4552.50
宁波市	22362.10	2000.00	300.00	20062.10	7178.00
温州市	5740.70	152.7		5588.00	250
嘉兴市	31239.10		11100.00	20139.10	
湖州市	7515.00			7515.00	
绍兴市	19494.80		60.00	19434.80	300.00
金华市	7488.90	40.00	20	7428.90	180
衢州市	20103.80	376.00	2480.00	17247.80	6610.00
舟山市	453.00			453.00	17.00
台州市	8166.90		171.60	7995.30	132.00
丽水市	3377.00		15	3362.00	

资料来源:环境保护厅(以下各表同)。

10－5　各地区工业污染治理投资完成情况（2009 年）

单位：万元

地　　区	污染治理项目本年完成投资	治理废水	治理废气资　　金	治　　理固体废物	治理噪声	治理其他	本年竣工项目个数（个）
浙江省	**193573.80**	**57671.60**	**108609.30**	**16756.20**	**58.00**	**10478.70**	**654**
杭州市	67632.50	3136.20	45127.30	16398.40		2970.60	79
宁波市	22362.10	4978.50	17036.10	72.00	38.00	237.50	57
温州市	5740.70	5012.60	728.10				77
嘉兴市	31239.10	10775.50	20403.60	21.00		39.00	57
湖州市	7515.00	5273.50	2209.00	29.00		3.50	100
绍兴市	19494.80	10445.40	5402.90	85.00		3561.50	88
金华市	7488.90	3194.90	1385.00	25.00		2884.00	52
衢州市	20103.80	7276.40	12075.80	10.00	20	721.60	44
舟山市	453.00	351.00	102.00				9
台州市	8166.90	6187.60	1802.50	115.8		61.00	54
丽水市	3377.00	1040.00	2337.00				37

10－6　各地区排污费征收情况（2009年）

单位:万元

地　　区	交纳排污费单位		排污费收入	
	单位数（个）	2009年比上年交纳排污费单位增长率（%）	收入总额（万元）	2009年比上年排污费收入增长率（%）
浙江省	**43732**	**-0.04**	**105574.80**	**-0.10**
省本级	19	11.8%	7816.00	-0.48
杭州市	8861	-0.05	16589.20	-0.02
宁波市	5761	0.31	15808.10	-0.08
温州市	10701	-0.09	14600.00	-0.09
嘉兴市	2961	-0.40	12018.80	-0.04
湖州市	1994	-0.23	5076.00	0.21
绍兴市	1669	0.00	6088.40	-0.14
金华市	4041	0.07	6678.40	-0.07
衢州市	1024	-0.06	5046.70	-0.02
舟山市	1383	0.11	2641.50	-0.22
台州市	4227	0.07	11192.00	0.06
丽水市	1091	0.13	2019.70	0.02

10－7 各地区林业建设项目投资资金到位情况(2009 年)

单位:万元

地区	合计	国家预算内资金			其他资金
			国债资金	中央财政专项奖金	
浙江省	**405379**	**215607**	**790**	**4526**	**189772**
省级单位合计	12858	12314	100	348	544
杭州市	39995	20616		540	19379
宁波市	33053	25687		1513	7366
温州市	39326	30248		245	9078
嘉兴市	54165	7776	50		46389
湖州市	33671	12803		20	20868
绍兴市	24042	13173	39		10869
金华市	22414	15136		372	7278
衢州市	33108	12998			20110
舟山市	10956	10956		129	
台州市	17760	16207		567	1553
丽水市	84031	37693	601	792	46338

注:全省合计数包括省林业局直属单位数据。

资料来源:省林业局(下表同)。

10－8　各地区林业营林固定资产投资资金完成情况（2009 年）

单位：万元

地　　区	本年完成投资	国家投资	国债资金	本年新增固定资产
浙江省	**47152**	**33278**	**951**	**29460**
省级单位合计	**220**	**220**	**100**	
杭州市	12579	2090	250	11707
宁波市	1746	1746		816
温州市	5429	5429		5429
嘉兴市	1662	343		
湖州市	1766	1766		
绍兴市	2585	1277		
金华市	1334	1152		1106
衢州市	1418	1418		
舟山市	3564	3564		
台州市	4447	4447		
丽水市	10402	9826	601	10402

10－9　各地区农村可再生资源经费投入情况(2009 年)

单位:万元

地　区	合计拨款	中央投入拨　款	省级投入拨　款	地级投入拨　款	县级投入拨　款	乡级投入拨　款	用户自筹		其他投入拨　款
							用　户自筹资金	投劳拆资	
浙江省	**40152.97**	**7246.74**	**7659.80**	**5033.00**	**16955.08**	**3258.35**	**23052.27**	**4405.70**	**8861.54**
杭州市	4450.80	385.50	83.00	620.40	2791.90	570.00	4119.05	1011.25	
宁波市	2545.25	1000.00		1332.44	168.81	44.00	401.57		2900.68
温州市	4007.43	100.00	606.00	1665.00	1435.93	200.50	1828.44	45.75	528.25
嘉兴市	3861.42	511.00	130.00	22.06	2081.03	1117.33	756.04	510.50	1031.61
湖州市	708.00	163.00	233.00	225.00	87.00		622.00		4170.00
绍兴市	1883.00	630.00	594.00	65.00	594.00		594.00	59.40	
金华市	9438.67	1021.00	2061.00	235.50	5047.75	1073.42	8940.23	1526.00	
衢州市	5394.62	1581.24	2829.60	158.40	825.38		2750.54		
舟山市	1968.40	42.50	621.20	701.20	456.50	147.00	133.60	85.00	231.00
台州市	4220.00	956.00	183.50		2995.00	85.50	2549.50	1002.00	
丽水市	1675.38	856.50	318.50	8.00	471.78	20.60	357.30	165.80	

十一、城市环境

Urban Environment

11－1　全省历年城市环境情况(2000－2009年)

年　份	城市个数(个)	城区面积(平方公里)	建设用地面积(平方公里)	人均日生活用水量(升)	用水普及率(%)	城市污水排放量(亿立方米)	城市污水处理率(%)
2000	33	964.03	870.14	213.00	99.93	8.09	33.17
2001	33	1113.77	1016.39	219.16	93.52	15.85	35.71
2002	33	1240.21	1148.93	239.85	96.64	17.26	40.33
2003	33	1397.02	1474.41	236.32	98.24	17.52	45.90
2004	33	1508.53	1572.94	228.06	98.86	17.68	53.44
2005	33	1679.72	1729.89	243.93	99.10	19.27	59.46
2006	33	9430.48	1744.16	230.68	99.42	17.72	61.53
2007	33	10004.96	1893.95	189.28	99.58	19.28	70.08
2008	33	10011.06	2025.10	194.22	99.70	20.71	75.10
2009	33	10113.78	2110.56	201.55	99.81	20.75	78.88

注:2006年起住房和城乡建设厅《城市建设统计制度》修订,统计范围、口径及部分指标计算方法都有所调整,故不能与2005年直接比较。

11－1　续表

年　份	城市燃气普及率(%)	生活垃圾清运量(万吨)	生活垃圾无害化处理率(%)	供热面积(万平方米)	建成区绿化覆盖率(%)	人均公园绿地面积(平方米)
2000	98.01	436.42	83.38	367.80	27.15	7.68
2001	91.11	515.90	90.20	10214.70	27.38	5.12
2002	94.43	576.00	86.11	3376.60	29.91	6.51
2003	96.85	674.70	84.85	4006.40	31.05	7.49
2004	98.22	705.20	85.86	3332.20	31.88	8.42
2005	98.47	203.00	82.40	278.00	33.78	9.31
2006	98.25	212.20	88.28	280.70	35.53	9.79
2007	97.78	772.04	87.35	4086.00	36.15	8.79
2008	97.72	806.78	89.57	3731	37.74	9.60
2009	97.93	925.62	97.60	3680	38.20	10.76

11－2 主要城市空气质量指标(2009 年)

单位:毫克/立方米,天,%

城　市	二氧化硫 (SO_2)	二氧化氮 (NO_2)	可吸入颗粒物 (PM_{10})	空气质量达到二级以上的天数	空气质量达到二级以上天数占全年比重
杭州市	0.041	0.052	0.097	327	89.6
建德市	0.033	0.029	0.088	344	94.2
富阳市	0.032	0.040	0.094	344	94.2
临安市	0.034	0.022	0.076	333	91.2
宁波市	0.040	0.046	0.086	328	89.9
余姚市	0.026	0.036	0.076	343	95.5
慈溪市	0.029	0.040	0.076	342	93.7
奉化市	0.032	0.047	0.061	361	98.9
温州市	0.028	0.054	0.077	352	96.4
瑞安市	0.028	0.025	0.066	349	95.9
乐清市	0.010	0.027	0.076	324	95.3
嘉兴市	0.035	0.022	0.093	333	91.2
海宁市	0.041	0.045	0.087	332	91.5
平湖市	0.020	0.029	0.078	332	92.2
桐乡市	0.035	0.040	0.086	311	88.9
湖州市	0.019	0.046	0.086	335	91.8
绍兴市	0.054	0.036	0.100	310	84.9
诸暨市	0.037	0.037	0.097	328	89.9
上虞市	0.027	0.034	0.072	342	93.7
嵊州市	0.028	0.038	0.073	357	97.8
金华市	0.034	0.040	0.074	348	95.3
兰溪市	0.048	0.029	0.094	327	89.6
义乌市	0.047	0.040	0.097	313	87.9
东阳市	0.039	0.035	0.078	325	89.8
永康市	0.047	0.033	0.101	311	85.2
衢州市	0.018	0.030	0.056	358	98.1
江山市	0.011	0.025	0.077	357	97.8
舟山市	0.017	0.025	0.060	362	99.2
台州市	0.023	0.028	0.075	361	98.9
温岭市	0.022	0.025	0.088	360	98.5
临海市	0.019	0.017	0.070	359	98.3
丽水市	0.023	0.025	0.067	358	98.1
龙泉市	0.013	0.011	0.054	358	98.6

11-3 各地区全年及各月霾日数(2009年)

城市名称	全年	1月	2月	3月	4月	5月	6月	7月	8月	9月	10月	11月	12月
杭　州	160	13	10	14	18	20	15	6	4	8	23	10	19
宁　波	29	3	3	1	0	1	3	2	1	1	2	3	9
温　州	85	7	10	5	8	9	10	9	8	5	6	1	7
嘉　兴	27	5	2	1	0	6	3	1	0	0	1	2	6
湖　州	103	7	7	10	10	13	12	6	5	2	10	8	13
绍　兴	126	10	8	9	8	21	9	4	3	7	16	10	21
金　华	23	4	4	4	1	4	1	2	0	1	0	1	1
衢　州	78	11	8	5	7	0	6	1	0	8	13	7	12
舟　山	33	6	4	2	4	1	1	0	0	1	4	1	9
椒　江	34	5	6	3	5	4	3	0	0	0	1	0	7
丽　水	12	0	0	1	1	7	0	0	0	0	1	0	2

11－4 设市城市面积和建设用地情况(2009 年)

单位:平方公里

地 区	城市面积		城市建设用地面积				
		建成区面积	小 计	居住用地	公共设施用地	工业用地	仓储用地
浙江省	**10113.78**	**2033.32**	**2110.56**	**570.51**	**226.79**	**548.94**	**43.13**
杭州市	1014.03	392.73	354.70	89.31	45.82	48.65	5.49
建德市	85.00	8.32	15.57	5.49	1.71	5.01	0.94
富阳市	334.60	24.85	24.85	9.10	2.08	9.11	0.05
临安市	183.10	12.32	12.32	4.47	1.70	3.22	0.20
宁波市	778.00	250.93	289.77	62.17	25.25	123.23	8.82
余姚市	355.00	40.13	40.13	10.16	3.52	15.60	0.32
慈溪市	270.48	36.50	34.59	16.52	3.72	7.40	0.12
奉化市	319.00	18.75	19.41	5.13	2.23	5.63	0.25
温州市	397.00	170.30	144.89	33.19	9.77	34.05	3.38
瑞安市	108.46	22.30	103.58	33.56	9.15	25.13	1.16
乐清市	216.70	26.00	30.85	15.90	3.00	3.30	0.12
嘉兴市	215.74	88.08	107.58	28.30	15.53	25.90	2.73
海宁市	149.90	30.00	30.00	8.79	4.22	5.94	0.10
平湖市	69.23	15.80	14.09	1.90	1.30	4.07	1.22
桐乡市	189.50	33.00	32.01	9.07	3.19	8.53	1.37
湖州市	627.46	75.80	78.09	19.30	11.52	15.89	1.46
绍兴市	226.04	93.44	89.25	33.91	10.22	22.03	0.98
诸暨市	346.62	37.90	32.19	10.05	4.63	4.60	0.72
上虞市	111.00	22.00	19.01	3.32	1.42	4.42	1.28
嵊州市	214.70	32.60	26.96	7.52	1.43	10.23	0.19
金华市	379.64	70.58	70.58	18.99	10.87	15.59	3.39
兰溪市	206.30	28.03	28.03	5.32	3.51	8.41	0.83
义乌市	419.44	83.00	77.27	19.85	9.98	19.42	1.77
东阳市	373.00	35.60	34.20	9.53	1.30	11.78	0.41
永康市	157.70	36.83	36.83	9.05	2.66	14.75	0.27
衢州市	200.10	54.25	53.19	12.57	6.06	16.75	1.06
江山市	141.25	15.00	14.81	4.14	1.78	3.80	0.23
舟山市	408.52	51.03	51.05	17.51	6.35	7.46	0.43
台州市	749.98	116.19	135.73	34.76	10.51	43.78	2.31
温岭市	48.30	30.80	30.80	11.98	3.43	6.63	0.32
临海市	360.00	37.08	34.19	7.23	3.42	12.40	0.76
丽水市	266.13	31.42	31.15	9.67	4.48	3.53	0.27
龙泉市	191.86	11.76	12.89	2.75	1.03	2.70	0.18

11－4　续表

单位:平方公里

地　区	城市建设用地面积					本年征用土地面积	
	对外交通用　地	道路广场用　地	市政公用设施用地	绿　地	特殊用地		耕　地
浙江省	**109.06**	**278.65**	**74.68**	**220.56**	**38.24**	**104.70**	**58.50**
杭州市	25.34	53.79	19.64	56.01	10.65	24.16	15.02
建德市	0.19	0.12	0.45	0.67	0.99	0.89	0.35
富阳市	0.12	2.02	0.36	2.01		1.50	0.98
临安市	0.20	1.45	0.25	0.75	0.08	0.65	0.30
宁波市	21.36	30.21	3.85	7.98	6.90	5.22	3.73
余姚市	0.65	7.91	0.39	1.54	0.04	5.76	4.36
慈溪市	0.67	3.30	0.43	2.43		3.70	2.93
奉化市	2.40	2.36	0.52	0.89		0.25	0.25
温州市	6.79	23.53	8.04	21.54	4.60	4.88	3.89
瑞安市	1.32	15.85	2.44	14.31	0.66		
乐清市	0.51	2.50	1.91	3.41	0.20	1.92	1.00
嘉兴市	4.52	15.37	2.08	12.94	0.21	6.64	4.87
海宁市	0.49	4.27	0.94	5.25		0.92	0.64
平湖市	0.34	2.25	0.86	1.93	0.22	1.00	
桐乡市	2.59	3.54	0.88	2.75	0.09	3.33	1.96
湖州市	4.24	8.93	3.94	8.00	4.81	2.30	1.20
绍兴市	0.73	14.80	1.38	5.12	0.08	1.77	1.60
诸暨市	3.12	2.94	2.45	3.56	0.12		
上虞市	1.38	0.45	4.99	1.70	0.05	0.95	0.66
嵊州市	0.14	4.98	0.39	2.00	0.08	1.92	1.52
金华市	9.26	5.45	1.77	4.21	1.05	2.48	1.00
兰溪市	1.30	3.96	0.93	3.63	0.14	0.38	0.27
义乌市	7.63	9.86	1.54	6.80	0.42	0.35	0.32
东阳市	0.62	4.85	0.90	4.81		0.79	0.60
永康市	1.46	5.74	1.47	1.38	0.05	1.31	0.46
衢州市	1.68	8.63	1.21	3.98	1.25	4.90	1.93
江山市	0.35	2.13	0.25	1.43	0.70	2.18	1.02
舟山市	0.62	8.83	1.06	6.20	2.59	5.88	2.45
台州市	3.42	13.93	4.40	21.51	1.11	10.94	1.15
温岭市	1.22	3.49	1.26	2.32	0.15	3.03	1.71
临海市	1.47	3.49	1.22	3.56	0.64	0.87	0.62
丽水市	2.46	4.84	1.73	3.86	0.31	2.70	0.81
龙泉市	0.47	2.88	0.75	2.08	0.05	1.13	0.90

11－5　设市城市市政设施情况(2009 年)

地　　区	道路长度(公里)	道路面积(万平方米)	城市桥梁(座)	
				立交桥数
浙江省	**14773**	**28244.3**	**7611**	**155**
杭州市	2117	4485.3	960	48
建德市	83	107.9	28	3
富阳市	140	286.2	38	1
临安市	86	171.1	25	
宁波市	1425	2290.7	669	8
余姚市	423	761.0	230	7
慈溪市	742	1472.2	618	
奉化市	271	324.2	41	
温州市	825	1745.2	895	7
瑞安市	229	346.5	201	
乐清市	331	510.2	95	
嘉兴市	599	1049.8	428	8
海宁市	202	429.5	149	3
平湖市	81	289.0	131	
桐乡市	262	409.7	142	
湖州市	539	1799.6	444	
绍兴市	459	1135.4	464	2
诸暨市	186	346.1	21	4
上虞市	222	421.5	102	3
嵊州市	149	233.2	8	
金华市	577	1357.0	92	18
兰溪市	151	307.1	11	6
义乌市	454	1245.0	113	13
东阳市	320	656.6	69	
永康市	302	692.0	68	6
衢州市	414	734.6	58	3
江山市	113	231.0	29	4
舟山市	287	484.8	178	
台州市	1857	2277.9	916	1
温岭市	232	548.5	235	1
临海市	384	574.1	96	9
丽水市	157	398.0	37	
龙泉市	153	123.4	20	

11－5　续表

地　区	城市路灯（盏）	城市排水管道（公里）	污水管道	防洪堤长度（公里）
浙江省	**996628**	**24456**	**11047**	**1810**
杭州市	163467	3650	1776	167
建德市	17063	104	104	25
富阳市	7618	233	90	32
临安市	12770	71	71	31
宁波市	106153	3240	1270	120
余姚市	47376	491		32
慈溪市	48451	1080	575	
奉化市	11265	136	50	22
温州市	69905	1429	420	98
瑞安市	9848	288	122	11
乐清市	9541	390	390	
嘉兴市	40607	823	564	45
海宁市	36461	405	202	68
平湖市	13133	419	419	
桐乡市	17991	461	203	
湖州市	45831	1517	451	413
绍兴市	33707	921	383	59
诸暨市	4777	230	102	61
上虞市	5529	496	205	18
嵊州市	19565	38	31	29
金华市	43511	1208	486	33
兰溪市	14060	144	62	42
义乌市	34670	1129	449	58
东阳市	18321	544	236	55
永康市	22897	545	203	23
衢州市	25191	893	511	57
江山市	6127	176	86	14
舟山市	14211	647	414	65
台州市	48195	1208	720	184
温岭市	12536	433	90	
临海市	10858	591	139	5
丽水市	22093	412	178	21
龙泉市	2900	104	45	22

11－6　设市城市供水和用水情况(2009年)

单位:万立方米

地　区	供水总量	售水量按用途分				
		合　计	生产运营用　水	公共服务用　水	居民家庭用　水	其他用水
浙江省	**269809**	**232992**	**93852**	**27384**	**101906**	**9851**
杭州市	69499	59291	16671	9166	28108	5346
建德市	1017	912	255	90	565	2
富阳市	4122	3634	1470	163	1992	9
临安市	2542	1912	758	97	994	63
宁波市	38357	33574	14855	3915	14750	53
余姚市	5052	4525	2119	295	2059	52
慈溪市	6497	5929	1601	1041	2730	556
奉化市	3830	3432	1053	381	1998	
温州市	24982	20705	9273	864	10531	38
瑞安市	4727	3574	1094	179	2301	
乐清市	4325	2828	454	130	2050	194
嘉兴市	7879	6662	2829	1746	2053	34
海宁市	4428	4251	1969	527	910	845
平湖市	2467	1957	601	380	601	376
桐乡市	2790	2419	1193	90	1104	32
湖州市	8510	6766	1899	1214	3582	71
绍兴市	10573	10218	6267	1510	2289	153
诸暨市	4302	3605	1302	680	1525	98
上虞市	5093	4337	2694	263	1360	20
嵊州市	3002	2561	1342		972	247
金华市	5243	4654	2190	302	2103	59
兰溪市	1865	1731	817	44	654	216
义乌市	6638	5861	2961	432	2333	136
东阳市	2785	2505	1048	309	1070	79
永康市	2765	2219	1117	20	1006	76
衢州市	8691	8165	5873	788	1204	300
江山市	1892	1789	980	311	486	12
舟山市	4046	3597	1256	437	1383	521
台州市	12457	11527	5250	901	5181	196
温岭市	2375	2053	488	419	1091	55
临海市	2902	2244	868	283	1093	
丽水市	3671	3076	1265	320	1477	14
龙泉市	486	480	41	86	353	

11－6　续表

地　　区	用水人口 （万人）	人均日生活用水量 （升）	用水普及率 （%）
浙江省	**1758.90**	**201.55**	**99.81**
杭州市	302.11	338.60	100
建德市	13.84	129.66	100
富阳市	30.00	196.79	100
临安市	17.00	175.83	99.94
宁波市	163.25	313.24	100
余姚市	41.49	155.44	100
慈溪市	47.50	217.53	100
奉化市	33.54	194.33	100
温州市	125.55	248.65	100
瑞安市	36.82	184.53	100
乐清市	48.00	124.43	100
嘉兴市	66.81	155.79	100
海宁市	16.80	234.34	100
平湖市	14.27	188.18	100
桐乡市	18.38	177.98	100
湖州市	77.99	168.84	100
绍兴市	70.95	146.69	100
诸暨市	33.30	181.41	100
上虞市	21.59	207.22	100
嵊州市	25.70	103.65	100
金华市	57.28	115.03	99.81
兰溪市	27.01	70.80	99.26
义乌市	121.90	62.14	100
东阳市	40.50	93.27	100
永康市	24.42	116.40	100
衢州市	28.34	192.79	96.99
江山市	15.60	139.96	97.08
舟山市	42.00	118.92	99.41
台州市	99.90	166.78	98.87
温岭市	26.09	158.61	98.98
临海市	30.26	124.57	100
丽水市	31.28	157.57	100
龙泉市	9.43	127.78	100

11－7　设市城市节约用水情况(2009年)

单位:万立方米

地　区	实际用水量					
	合　计	#工　业	新水取水量	#工　业	重复利用量	#工　业
浙江省	**192560**	**153923**	**57125**	**35373**	**135435**	**118550**
杭州市	6068	3784	3028	1431	3040	2353
建德市	4	4			4	4
宁波市	94614	79297	24862	17612	69752	61685
慈溪市	1440		830		610	
奉化市	2250	175	200		2050	175
嘉兴市	9743	9716	1012	985	8731	8731
海宁市	3966	2980	2286	1300	1680	1680
桐乡市	2419	848	2322	762	97	86
湖州市	4475	3165	2565	1355	1910	1810
绍兴市	34998	33308	6203	5319	28795	27989
诸暨市	5195	2955	2350	900	2845	2055
嵊州市	2802	1342	2802	1342		
金华市	3946	3426	1451	933	2495	2493
义乌市	5200	1325	1200	540	4000	785
东阳市	3348	2147	1936	735	1412	1412
永康市	292	127	234	89	58	38
舟山市	6730	6057	856	770	5874	5287
台州市	3498	3097	1488	1190	2010	1907
温岭市	1572	170	1500	110	72	60

11－7　续表

单位:万立方米

地　区	节约用水量（万立方米）	#工　业	重复利用率（%）	工业用水重复利用率
浙江省	**13927**	**8490**	**70.33**	**77.02**
杭州市	648	325	50.10	62.18
建德市	4	4	100.00	100.00
宁波市	2288	1986	73.72	77.79
慈溪市	1514		42.36	
奉化市	205	45	91.11	100.00
嘉兴市	442	442	89.61	89.86
海宁市	35	16	42.36	56.38
桐乡市	361		4.01	10.14
湖州市	620	565	42.68	57.19
绍兴市	2715	1608	82.28	84.03
诸暨市	850	760	54.76	69.54
嵊州市				
金华市	1290	655	63.23	72.77
义乌市	1150	580	76.92	59.25
东阳市	451	392	42.17	65.77
永康市	78	59	19.86	29.92
舟山市	77	69	87.28	87.29
台州市	1119	917	57.46	61.58
温岭市	80	67	4.58	35.29

11－8　设市城市污水排放和处理情况(2009 年)

地　　区	城市污水排放量(万立方米)	污水处理厂(座)	#二、三级处理	污水处理厂污水处理能力(万立方米/日)	#二、三级处理	污水处理厂污水处理量(万立方米)
浙江省	**207498**	**57**	**54**	**527.8**	**519.3**	**153809**
杭州市	57132	4	4	167.0	167.0	51433
建德市	813	1	1	2.0	2.0	665
富阳市	3300	2	2	8.3	8.3	2673
临安市	1906	1	1	6.0	6.0	1719
宁波市	30685	7	6	59.0	55.0	20319
余姚市	2496	1	1	6.0	6.0	2020
慈溪市	4750	2	1	9.0	5.0	3702
奉化市	1999	1	1	3.5	3.5	1273
温州市	18256	4	4	35.4	35.4	11319
瑞安市	2900	1	1	7.0	7.0	1742
乐清市	3200	1	1	4.0	4.0	903
嘉兴市	6396	1	1	45.0	45.0	5010
海宁市	3749	1	1	10.0	10.0	3085
平湖市	1760					1462
桐乡市	2056	1	1	5.0	5.0	1735
湖州市	6263	7	7	25.0	25.0	5232
绍兴市	9540					8012
诸暨市	3116	1	1	10.0	10.0	2505
上虞市	5022	1	1	20.0	20.0	3415
嵊州市	1771	1	1	15.0	15.0	1260
金华市	3932	1	1	8.0	8.0	2586
兰溪市	1302	1	1	4.0	4.0	460
义乌市	4858	2	2	11.0	11.0	3170
东阳市	1968	1	1	4.0	4.0	1199
永康市	1697	1	1	4.0	4.0	1081
衢州市	6727	3	3	9.6	9.6	2195
江山市	1806	1	1	4.0	4.0	942
舟山市	2878	2	2	6.5	6.5	1545
台州市	8371	3	3	23.0	23.0	6203
温岭市	2019	1	1	7.0	7.0	1646
临海市	2220	1	1	4.0	4.0	1598
丽水市	2270	1	1	5.0	5.0	1518
龙泉市	340	1		0.5		182

11－8　续表

地　区	其他污水处理情况		污水处理总能力（万立方米/日）	污　水处理总量（万立方米）	污水再生利 用 量（万立方米）	城市污水处 理 率（%）	#污水处理厂集中处理率（%）
	处理能力（万立方米/日）	处理量（万吨）					
浙江省	**79**	**9872**	**606.8**	**163681**	**2123**	**78.88**	**74.13**
杭州市	0	0	167.0	51433	0	90.02	90.02
建德市	0	0	2.0	665	0	81.80	81.80
富阳市	0	0	8.3	2673	0	81.00	81.00
临安市	0	0	6.0	1719	0	90.19	90.19
宁波市	50	5447	109.0	25766	926	83.97	66.22
余姚市	0	0	6.0	2020	73	80.93	80.93
慈溪市	0	0	9.0	3702	0	77.94	77.94
奉化市	0	0	3.5	1273	0	63.68	63.68
温州市	0	0	35.4	11319	0	62.00	62.00
瑞安市	0	0	7.0	1742	0	60.07	60.07
乐清市	0	0	4.0	903	0	28.22	28.22
嘉兴市	0	0	45.0	5010	0	78.33	78.33
海宁市	0	0	10.0	3085	0	82.29	82.29
平湖市	0	0	0.0	1462	0	83.07	83.07
桐乡市	1	0	5.8	1735	13	84.39	84.39
湖州市	0	0	25.0	5232	200	83.54	83.54
绍兴市	0	0	0.0	8012	0	83.98	83.98
诸暨市	0	0	10.0	2505	0	80.39	80.39
上虞市	0	0	20.0	3415	0	68.00	68.00
嵊州市	0	0	15.0	1260	0	71.15	71.15
金华市	2	283	10.2	2869	900	72.97	65.77
兰溪市	2	395	6.4	855	0	65.67	35.33
义乌市	8	720	18.5	3890	0	80.07	65.25
东阳市	0	0	4.0	1199	0	60.92	60.92
永康市	0	0	4.0	1081	0	63.70	63.70
衢州市	11	2007	21.0	4202	0	62.46	32.63
江山市	2	495	5.7	1437	0	79.57	52.16
舟山市	3	499	9.1	2044	0	71.02	53.68
台州市	0	0	23.0	6203	11	74.10	74.10
温岭市	0	0	7.0	1646	0	81.53	81.53
临海市	0	0	4.0	1598	0	71.98	71.98
丽水市	0	26	5.4	1544	0	68.02	66.87
龙泉市	0	0	0.5	182	0	53.53	53.53

11－9　设市城市市容环境卫生情况(2009 年)

地　　区	道路清扫保洁面积(万平方米)	生活垃圾清运量(万吨)	无害化处理(座)	#卫生填埋	#堆　肥	#焚　烧
浙江省	**26651**	**925.62**	**52**	**31**		**21**
杭州市	4803	218	5	2		3
建德市	104	5	1	1		
富阳市	270	6	1			1
临安市	283	10	1	1		
宁波市	2308	82	4	2		2
余姚市	518	42	1	1		
慈溪市	876	27	1			1
奉化市	227	15	1	1		
温州市	2400	87	5	2		3
瑞安市	219	9	1	1		
乐清市	280	20				
嘉兴市	1362	17	2	1		1
海宁市	506	7	1	1		
平湖市	224	9	1			1
桐乡市	671	6	1			1
湖州市	1048	27	1			1
绍兴市	561	24	3	1		2
诸暨市	509	10	2	1		1
上虞市	260	14	2	1		1
嵊州市	216	12	1	1		
金华市	1125	29	2	1		1
兰溪市	449	9	1	1		
义乌市	1219	50	1			1
东阳市	616	15	1	1		
永康市	700	29	1	1		
衢州市	702	11	1	1		
江山市	384	9	1	1		
舟山市	501	20	1	1		
台州市	1608	53	3	3		
温岭市	420	18	2	1		1
临海市	542	12	1	1		
丽水市	624	19	1	1		
龙泉市	116	4	1	1		

11-9 续表1

地　区	无害化处理量（万吨）	#卫生填埋	#堆　肥	#焚　烧	市容环卫专用车辆设备总数（辆）
浙江省	**903.4**	**498.5**		**404.9**	**4138**
杭州市	218.2	141.4		76.8	1036
建德市	5.0	5.0			39
富阳市	6.2			6.2	100
临安市	10.3	10.3			58
宁波市	82.0	27.3		54.7	478
余姚市	42.4	42.4			112
慈溪市	26.8			26.8	116
奉化市	15.3	15.3			49
温州市	87.3	8.7		78.6	354
瑞安市	8.7	8.7			17
乐清市					38
嘉兴市	16.9	0.8		16.1	97
海宁市	7.1	7.1			44
平湖市	8.7			8.7	34
桐乡市	6.0			6.0	42
湖州市	26.5			26.5	102
绍兴市	24.3	1.4		22.9	89
诸暨市	9.9	5.4		4.6	56
上虞市	14.0	3.6		10.4	76
嵊州市	12.5	12.5			36
金华市	28.7	10.9		17.9	116
兰溪市	8.5	8.5			31
义乌市	48.8			48.8	146
东阳市	15.4	15.4			64
永康市	29.0	29.0			70
衢州市	10.6	10.6			62
江山市	9.3	9.3			83
舟山市	19.7	19.7			123
台州市	53.0	53.0			200
温岭市	17.7	17.7		0.0	55
临海市	12.4	12.4			110
丽水市	18.7	18.7			74
龙泉市	3.5	3.5			31

11－9　续表2

地　区	无害化处理能力（吨/日）	#卫生填埋	#堆　肥	#焚　烧	生活垃圾无害化处理率（%）
浙江省	**31173**	**15408**		**15765**	**97.60**
杭州市	5780	3330		2450	100
建德市	300	300			100
富阳市	800			800	100
临安市	250	250			100
宁波市	2900	1300		1600	100
余姚市	560	560			100
慈溪市	1200			1200	100
奉化市	503	503			100
温州市	2762	527		2235	100
瑞安市	300	300			92.95
乐清市					
嘉兴市	1400	300		1100	100
海宁市	98	98			100
平湖市	600			600	100
桐乡市	800			800	100
湖州市	800			800	100
绍兴市	2500	900		1600	100
诸暨市	760	360		400	100
上虞市	760	260		500	100
嵊州市	430	430			100
金华市	1000	600		400	98.02
兰溪市	300	300			100
义乌市	1000			1000	97.99
东阳市	460	460			100
永康市	500	500			100
衢州市	300	300			100
江山市	180	180			100
舟山市	620	620			100
台州市	1220	1220			100
温岭市	850	570		280	100
临海市	500	500			100
丽水市	630	630			100
龙泉市	110	110			100

11-9 续表3

地区	粪便(万吨)		公厕数(座)		每万人拥有公厕(座)
	清运量	处理量		#三类以上	
浙江省	**84.36**	**41.65**	**7802**	**6451**	**4.43**
杭州市	17.46	1.16	1422	1163	4.71
建德市	0.05	0.00	30	30	2.17
富阳市	0.17	0.17	30	30	1.00
临安市	0.35	0.35	30	30	1.76
宁波市	12.94	9.04	382	382	2.34
余姚市	2.40	2.40	438	103	10.56
慈溪市	3.27	2.19	490	490	10.32
奉化市	2.42	2.42	37	37	1.10
温州市	3.97	0.90	1356	1356	10.80
瑞安市	0.98	0.98	57	37	1.55
乐清市	2.50	2.27	87	54	1.81
嘉兴市	4.61	4.25	184	179	2.75
海宁市	1.58	1.58	60	60	3.57
平湖市	2.04	0.00	45	40	3.15
桐乡市	1.23	0.00	47	47	2.56
湖州市	3.30	0.00	340	322	4.36
绍兴市	5.56	4.34	473	249	6.67
诸暨市	0.00	0.00	46	46	1.38
上虞市	0.30	0.30	43	7	1.99
嵊州市	0.98	0.98	58	58	2.26
金华市	0.40	0.40	133	132	2.32
兰溪市	0.40	0.00	36	36	1.32
义乌市	1.37	1.37	452	452	3.71
东阳市	0.10	0.10	164	164	4.05
永康市	1.76	0.00	98	98	4.01
衢州市	1.28	1.28	152	152	5.20
江山市	0.12	0.00	64	64	3.98
舟山市	2.71	0.00	173	173	4.09
台州市	7.44	3.10	478	226	4.73
温岭市	0.37	0.37	163	43	6.18
临海市	1.00	1.10	79	61	2.61
丽水市	0.60	0.60	128	128	4.09
龙泉市	0.70	0.00	27	2	2.86

11－10　设市城市燃气情况（2009年）

地　区	天然气			
	供气管道长度（公里）	供气总量（万立方米）	#家庭用量	用气人口（万人）
浙江省	**11784**	**86536**	**22812**	**459.5**
杭州市	4765	35744	7285	187
建德市	46	266	77	4
富阳市	451	1037	235	15
宁波市	1753	13698	2675	82
余姚市	255	1321	955	8
慈溪市	88	700	111	8
温州市	121	783	38	5
乐清市	3	108		
嘉兴市	496	3935	580	33
海宁市	183	700	175	6
桐乡市	275	3848	227	4
湖州市	386	6952	442	11
绍兴市	933	10718	6339	35
诸暨市	377	827	679	18
上虞市	252	2583	2361	3
嵊州市	111	111	43	1
金华市	97	733	212	7
兰溪市	64	124	33	1
义乌市	33			
永康市	125	1316	67	10
衢州市	302	828	192	7
舟山市	667	203	87	16

11－10　续表

地　区	液化石油气				燃气普及率（%）
	管道长度（公里）	供气总量（万立方米）	#家庭用量	用气人口（万人）	
浙江省	**2264.58**	**909487.44**	**577469.55**	**1235.92**	**97.93**
杭州市		101055.78	62529.75	115.51	100
建德市		8100.00	7695.00	9.84	100
富阳市		14214.00	9540.00	15.00	100
临安市	97.70	18250.00	9280.00	17.00	99.94
宁波市	471.18	234846.71	74220.80	80.85	100
余姚市		9793.00	7805.00	33.71	100
慈溪市		30753.00	29500.00	39.36	100
奉化市	26.91	5845.00	5618.00	33.54	100
温州市	385.74	107226.00	71099.00	114.27	95.00
瑞安市	37.00	12000.00	7800.00	34.61	94.00
乐清市	10.00	19200.00	19170.00	34.65	72.19
嘉兴市		28820.21	9962.43	33.51	98.80
海宁市		4800.00	2800.00	10.80	100
平湖市	19.00	11345.00	9832.00	13.71	96.08
桐乡市		15250.00	5100.00	14.38	100
湖州市	28.95	10924.28	7133.33	66.87	99.41
绍兴市		19479.74	18345.05	35.58	99.61
诸暨市		18000.00	15000.00	15.10	100
上虞市		7594.00	6323.00	18.71	99.86
嵊州市	9.00	6750.00	6750.00	24.42	99.92
金华市	323.23	22545.00	19680.00	50.06	99.46
兰溪市	8.30	7850.00	7610.00	21.20	80.63
义乌市	35.00	19300.00	16200.00	121.90	100
东阳市	30.00	6829.00	5806.00	40.06	98.91
永康市		13768.00	12335.00	14.56	100
衢州市	7.00	7010.00	6895.00	16.17	94.01
江山市	48.35	6397.00	5987.00	14.83	92.28
舟山市		28930.20	28428.17		98.20
台州市	376.42	71260.71	52147.61	98.54	97.53
温岭市	170.93	11574.00	11121.00	26.34	99.92
临海市	83.93	13174.00	11648.00	30.26	100
丽水市	95.94	12477.81	11838.41	31.28	100
龙泉市		4125.00	2270.00	9.30	98.62

11－11　设市城市公共交通情况(2009 年)

地　　区	年末公共交通运营数(辆)	公共汽车、电车	标准运营车　数(标台)	运营线路网长　度(公里)	出租汽车数(辆)
浙江省	**22135**	**22135**	**24151**	**20022**	**31116**
杭州市	8072	8072	9476	7591	9305
建德市	52	52	52	72	65
富阳市	203	203	198	331	269
临安市	160	160	169	102	244
宁波市	3245	3245	3789	866	3551
余姚市	364	364	318	82	370
慈溪市	178	178	174	329	505
奉化市	236	236	215	269	200
温州市	1929	1929	2259	612	3329
瑞安市	206	206	208	214	918
乐清市	111	111	111	136	963
嘉兴市	921	921	821	913	873
海宁市	337	337	300	1063	317
平湖市	148	148	125	253	226
桐乡市	78	78	55	54	245
湖州市	571	571	574	408	815
绍兴市	835	835	942	678	895
诸暨市	117	117	123	213	220
上虞市	142	142	135	86	310
嵊州市	101	101	71	235	220
金华市	777	777	771	520	796
兰溪市	67	67	64	103	216
义乌市	661	661	739	699	1313
东阳市	114	114	116	153	266
永康市	137	137	96	75	308
衢州市	356	356	355	274	401
江山市	89	89	64	81	100
舟山市	647	647	611	1964	1098
台州市	496	496	511	798	1389
温岭市	140	140	108	111	561
临海市	460	460	416	502	389
丽水市	165	165	165	214	409
龙泉市	20	20	20	21	30

11－11 续表

地区	客运总量（万人次）	公共汽车、电车	每万人拥有公交车辆（标台）	轮渡	
				运营船数（艘）	客运总量（万人次）
浙江省	**320709**	**320709**	**13.70**	**139**	**2164**
杭州市	142907	142907	31.37	22	31
建德市	1545	1545	3.76	9	0
富阳市	2530	2530	6.60	0	0
临安市	1189	1189	9.94	0	0
宁波市	46274	46274	23.21	0	0
余姚市	3202	3202	7.66	0	0
慈溪市	2627	2627	3.66	0	0
奉化市	2309	2309	6.41	0	0
温州市	26148	26148	17.99	0	0
瑞安市	3086	3086	5.65	3	168
乐清市	1435	1435	2.31	0	0
嘉兴市	7144	7144	12.29	0	0
海宁市	2637	2637	17.86	0	0
平湖市	1739	1739	8.76	0	0
桐乡市	908	908	2.99	0	0
湖州市	6550	6550	7.36	0	0
绍兴市	10468	10468	13.28	0	0
诸暨市	1728	1728	3.69	0	0
上虞市	1505	1505	6.25	0	0
嵊州市	1101	1101	2.76	0	0
金华市	7671	7671	13.43	0	0
兰溪市	1648	1648	2.35	0	0
义乌市	9176	9176	6.06	0	0
东阳市	7086	7086	2.86	0	0
永康市	2764	2764	3.93	0	0
衢州市	6445	6445	12.15	0	0
江山市	1645	1645	3.98	0	0
舟山市	5201	5201	14.46	84	1747
台州市	4773	4773	5.06	3	206
温岭市	1036	1036	4.10	0	0
临海市	3475	3475	13.75	18	12
丽水市	2442	2442	5.27	0	0
龙泉市	315	315	2.12	0	0

11－12 设市城市园林绿化情况(2009 年)

单位:公顷

地　区	绿化覆盖面　积	#建成区	园林绿地面　积	#建成区	公园绿地面　积
浙江省	**85854**	**77665**	**74362**	**70391**	**18969**
杭州市	15686	15686	14366	14366	4676
建德市	345	339	331	309	133
富阳市	557	557	510	510	221
临安市	455	455	418	418	76
宁波市	9492	9492	8629	8629	1692
余姚市	1905	1702	1517	1497	383
慈溪市	1928	1405	1490	1275	452
奉化市	795	713	852	648	335
温州市	3695	3695	3418	3418	862
瑞安市	602	602	557	557	175
乐清市	557	557	456	456	148
嘉兴市	4489	3584	4181	3373	842
海宁市	1586	1248	1511	1086	188
平湖市	817	666	811	649	173
桐乡市	1346	1346	1197	1178	240
湖州市	3756	3377	3355	2977	967
绍兴市	6172	4031	3462	3437	1075
诸暨市	2571	1422	2059	1253	360
上虞市	913	913	809	809	246
嵊州市	1632	1440	1261	1261	299
金华市	2803	2803	2613	2613	692
兰溪市	941	941	910	863	230
义乌市	3278	3278	2894	2894	558
东阳市	1437	1427	1247	1247	371
永康市	2175	1518	1324	1324	225
衢州市	2287	2287	2003	2003	381
江山市	675	656	651	649	169
舟山市	2080	2075	1801	1796	668
台州市	5316	4982	5123	4806	1063
温岭市	1677	1287	1130	1130	271
临海市	1555	1516	1511	1473	326
丽水市	1269	1269	1126	1126	324
龙泉市	1062	396	839	361	148

11－12　续表

地　　区	人均公园绿地面　　积（平方米）	建成区绿化覆盖率（%）	建成区绿地率（%）	公园个数（个）	公园面积（公顷）
浙江省	**10.76**	**38.20**	**34.62**	**893**	**13727**
杭州市	15.48	39.94	36.58	165	1688
建德市	9.61	40.75	37.14	13	67
富阳市	7.37	22.41	20.52	13	139
临安市	4.47	36.93	33.93	8	33
宁波市	10.36	37.83	34.39	107	721
余姚市	9.23	42.41	37.30	16	352
慈溪市	9.52	38.49	34.93	39	130
奉化市	9.99	38.03	34.56	20	117
温州市	6.87	21.70	20.07	20	569
瑞安市	4.75	27.00	24.98	5	103
乐清市	3.08	21.42	17.54	9	148
嘉兴市	12.60	40.69	38.29	45	679
海宁市	11.19	41.60	36.20	14	71
平湖市	12.12	42.15	41.08	9	88
桐乡市	13.06	40.79	35.70	5	66
湖州市	12.40	44.55	39.27	38	599
绍兴市	15.15	43.14	36.78	41	3549
诸暨市	10.81	37.52	33.06	14	231
上虞市	11.39	41.50	36.77	16	138
嵊州市	11.63	44.17	38.68	7	286
金华市	12.06	39.71	37.02	33	400
兰溪市	8.45	33.57	30.79	14	152
义乌市	4.58	39.49	34.87	23	370
东阳市	9.16	40.08	35.03	16	304
永康市	9.21	41.22	35.95	9	58
衢州市	13.04	42.16	36.92	49	381
江山市	10.52	43.73	43.27	4	33
舟山市	15.81	40.66	35.19	15	418
台州市	10.52	42.88	41.36	61	879
温岭市	10.28	41.79	36.69	25	224
临海市	10.77	40.88	39.72	17	281
丽水市	10.36	40.39	35.84	14	313
龙泉市	15.69	33.67	30.70	9	140

11－13　主要城市道路交通噪声监测情况(2009 年)

城　　市	等效声级 dB(A)
杭州市	68.6
宁波市	68.9
温州市	71.6
嘉兴市	68.2
湖州市	67.7
绍兴市	68.6
金华市	66.9
衢州市	69.0
舟山市	68.2
台州市	68.3
丽水市	67.1

资料来源:环境保护厅(下表同)。

11－14　主要城市区域环境噪声监测情况(2009 年)

城　　市	等效声级 dB(A)
杭州市	57.2
宁波市	53.2
温州市	60.8
嘉兴市	54.6
湖州市	54.7
绍兴市	55.5
金华市	54.9
衢州市	52.0
舟山市	52.3
台州市	56.6
丽水市	54.7

十二、农村环境

Rural Environment

12-1 全省历年农村环境情况(2000-2009年)

年份	农村改水累计受益人口（万人）	农村改水累计受益率（%）	累计使用卫生厕所户数（万户）	卫生厕所普及率（%）	农村沼气池产气量（万立方米）	太阳能热水器（万平方米）
2000	3095.94	83.20	719.54	63.73	2733.82	31.78
2001	3059.29	83.32	777.95	67.28	2237.06	65.52
2002	3523.45	95.96	812.41	71.26	2008.53	89.57
2003	3537.58	96.46	845.60	73.58	2363.49	122.22
2004	3194.45	87.10	872.32	75.90	3460.76	154.35
2005	3231.46	88.12	920.48	80.09	4295.87	186.64
2006	3486.46	96.21	918.85	79.37	6556.78	280.69
2007	3510.04	96.86	930.61	80.60	9861.36	317.65
2008	3516.59	97.04	977.03	83.75	12290.83	360.88
2009	3555.42	3440.46	1005.60	86.48	13377.44	408.60

12－2　各地区农村改水、改厕情况（2009 年）

单位：万人

地　　区	农村改水				
	农村总人口	累计已改水受益人口	自来水		
			厂、站（个）	累计受益人　口	占农村总人口比重（%）
浙江省	**3555.42**	**3440.46**	**27113**	**3279.80**	**92.25**
杭州市	438.28	438.28	3441	437.07	99.72
宁波市	407.34	406.95	1472	406.40	99.77
温州市	646.42	587.27	6010	572.61	88.58
嘉兴市	269.08	268.04	198	267.34	99.35
湖州市	213.09	211.90	239	205.97	96.66
绍兴市	359.34	354.55	2197	339.40	94.45
金华市	306.19	286.78	2034	279.27	91.21
衢州市	203.77	199.57	2968	138.51	67.97
舟山市	59.35	58.43	86	55.26	93.11
台州市	453.80	442.42	1929	407.85	89.87
丽水市	198.77	186.27	6539	170.12	85.59

12－2　续表1

单位:万人

地　区	农村改水					
	手压机井			雨水收集		
	数　量（万台）	累计受益人　口	占农村总人口（%）	水　窖（个）	累计受益人　口	占农村总人口（%）
浙江省	**14.22**	**62.64**	**1.76**	**6431**	**2.94**	**0.08**
杭州市	0.14	0.23	0.05	0	0	0
宁波市	0.19	0.56	0.14	0	0	0
温州市	0.69	2.52	0.39	24	1.49	0.23
嘉兴市	0	0	0	0	0	0
湖州市	0	2.13	1.00	0	0	0
绍兴市	0.05	2.82	0.78	16	0.16	0.04
金华市	1.14	3.97	1.30	0	0	0
衢州市	10.17	44.19	21.69	0	0	0
舟山市	0	0	0	6391	1.29	2.17
台州市	0.11	1.70	0.37	0	0	0
丽水市	1.73	4.53	2.28	0	0	0

12－2　续表2

地　区	农村改水		农村改厕(万户)				
	其　他		农　村 总户数	累计使用 卫生厕所 户　　数	累计使用 卫生公厕 户　　数	卫生厕所 普及率 （%）	无害化卫生 厕所普及率 （%）
	累计受益 人　　口	占农村人口 （%）					
浙江省	**95.07**	**2.67**	**1162.77**	**1005.60**	**115.14**	**86.48**	**73.50**
杭州市	0.98	0.22	137.89	137.00	0.89	99.35	77.45
宁波市	-0.01	0	156.13	145.23	11.00	93.02	89.88
温州市	10.65	1.65	179.25	138.90	14.42	77.49	70.91
嘉兴市	0.71	0.26	69.91	67.79	0.64	96.96	86.87
湖州市	3.79	1.78	67.27	60.57	5.41	90.04	70.30
绍兴市	12.17	3.39	127.85	111.50	13.40	87.21	79.09
金华市	3.54	1.16	123.97	92.19	24.70	74.36	61.32
衢州市	16.87	8.28	62.11	50.75	8.83	81.71	58.70
舟山市	1.87	3.16	22.88	19.94	2.53	87.14	70.42
台州市	32.88	7.25	154.54	128.16	26.22	82.93	73.18
丽水市	11.62	5.85	60.97	53.58	7.11	87.88	48.45

12-3 各地区农村改水、改厕投资情况(2009 年)

单位:万元

地 区	农村改水			农村改厕		
	农村改水投资	#国家投资	国家投资占总投资比重(%)	农村改厕投资	#国家投资	国家投资占总投资比重(%)
浙江省	**173987.61**	**88001.62**	**50.58**	**95192.91**	**30371.79**	**31.91**
杭州市	31406.40	11253.88	35.83	15803.59	4978.37	31.50
宁波市	24745.70	16235.1	65.61	9774.86	1080.77	11.06
温州市	15155.78	9783.3	64.55	16184.65	2240.1	13.84
嘉兴市	9060.55	5401.45	59.62	11988.25	6572.66	54.83
湖州市	7468.50	686.00	9.19	3941.31	1021.5	25.92
绍兴市	2399.60	666.90	27.79	5596.93	1583.55	28.29
金华市	22814.00	13088.92	57.37	11282.18	4978.58	44.13
衢州市	23143.00	11373	49.14	5404.53	2026.16	37.49
舟山市	3553.71	1528.48	43.01	4634.51	1416.48	30.56
台州市	11582.75	6152.2	53.12	2642.70	982.86	37.19
丽水市	22657.56	11832.39	52.22	7939.40	3490.76	43.97

12－4 各地区农村可再生能源利用情况(2009年)

地 区	沼气池产气总量(万立方米)	#农村用户沼气池	#大中型沼气工程	太阳能热水器(万立方米)	生活污水净化沼气池(个)
浙江省	**13377.44**	**6134.75**	**7242.69**	**408.60**	**58815**
杭州市	1126.20	351.97	774.23	59.04	2886
宁波市	614.45	155.25	459.20	23.40	1007
温州市	811.61	247.80	563.81	33.12	5824
嘉兴市	1052.26	715.46	336.80	94.14	34445
湖州市	180.44	2.08	178.36	20.75	2100
绍兴市	896.03	18.60	877.43	30.26	347
金华市	2171.82	546.32	1625.50	57.85	6520
衢州市	4083.15	2562.80	1520.35	28.64	1590
舟山市	101.00	1.68	99.32	6.34	374
台州市	836.32	370.40	465.92	37.01	3414
丽水市	1504.17	1162.40	341.77	18.05	308

12－5 各地区农业有效灌溉和农用化肥施用情况（2009年）

地　区	有效灌溉面积（千公顷）	化肥施用量（吨）	氮　肥	磷　肥	钾　肥	复合肥
全　省	**1446.37**	**935959**	**533778**	**119457**	**75231**	**207493**
杭州市	162.63	118918	60168	13845	8899	36006
宁波市	188.07	113349	56650	17775	9225	29699
温州市	127.10	87332	51349	14571	8864	12548
嘉兴市	198.43	105991	78426	13308	5565	8692
湖州市	134.20	57076	34679	6161	3381	12855
绍兴市	160.00	103021	71782	8318	6948	15973
金华市	158.81	110412	54356	15967	11271	28818
衢州市	92.72	81614	43953	9710	9871	18080
舟山市	12.88	5038	2527	696	159	1656
台州市	127.67	91545	51460	9592	4900	25593
丽水市	83.86	61663	28428	9514	6148	17573

12－6　各地区农用塑料薄膜和农药使用量情况（2009 年）

地　　区	塑料薄膜使用量（吨）	地膜使用量（吨）	地膜覆盖面积（公顷）	农药使用量（吨）
全　省	**54402**	**25347**	**155826**	**65454**
杭州市	7673	3460	14540	8816
宁波市	7454	3578	18545	6733
温州市	3209	1809	10034	4152
嘉兴市	5682	2029	29191	6705
湖州市	4780	2071	3609	8023
绍兴市	3858	1944	20242	6407
金华市	6295	2896	12330	8627
衢州市	2145	1455	6463	7380
舟山市	217	129	1890	404
台州市	7898	3739	29226	5093
丽水市	5191	2237	9756	3114

12－7　各地区农村非商品能源生活消费情况(沼气)

地　区	实物(万立方米)				
	2000	2005	2007	2008	2009
浙江省	**2288.60**	**4295.87**	**9861.35**	**13394.76**	**14126.08**
杭州市	1060.80	749.64	818.70	1063.56	1130.36
宁波市	101.89	103.28	500.60	689.35	615.36
温州市	123.07	269.24	635.93	862.29	859.65
嘉兴市	2.41	927.10	1250.56	1851.32	1628.65
湖州市	0.59	5.74	41.08	153.35	158.08
绍兴市	5.25	152.56	324.44	530.85	910.90
金华市	630.00	848.13	1876.02	2167.00	2217.48
衢州市	270.85	746.55	3084.97	4257.80	4085.84
舟山市	11.00	34.27	84.26	91.56	101.00
台州市	67.00	188.62	228.24	509.06	912.24
丽水市	15.60	270.74	914.86	1218.62	1506.52

资料来源:农业厅(以下各表同)。

12－7　续表

地　区	标准煤(万吨)				
	2000	2005	2007	2008	2009
浙江省	**1.60**	**3.05**	**5.97**	**8.10**	**10.09**
杭州市	0.8	0.54	0.5	0.6	0.81
宁波市	0.1	0.07	0.3	0.4	0.44
温州市	0.1	0.19	0.4	0.5	0.61
嘉兴市	0.0	0.66	0.8	1.1	1.16
湖州市			0.0	0.1	0.11
绍兴市	0.0	0.11	0.2	0.3	0.65
金华市	0.4	0.61	1.1	1.3	1.58
衢州市	0.2	0.53	1.9	2.6	2.92
舟山市		0.02	0.1	0.1	0.07
台州市	0.0	0.13	0.1	0.3	0.65
丽水市	0.0	0.19	0.6	0.7	1.08

12－8 各地区农村非商品能源生活消费情况（秸杆）（2009 年）

地 区	实物（万吨）				
	2000	2005	2007	2008	2009
浙江省	**455.20**	**248.08**	**292.31**	**173.59**	**133.78**
杭州市	20.92	14.31	11.70	14.24	9.54
宁波市	40.00	12.78	55.50	7.07	18.99
温州市	13.83	32.45	13.65	5.97	7.28
嘉兴市	104.40	45.61	45.54	46.92	11.76
湖州市	35.44	19.43	10.18	9.32	9.59
绍兴市	70.65	27.56	19.46	16.61	14.71
金华市	66.96	38.36	39.41	22.90	26.26
衢州市	20.00	15.36	15.74	14.70	3.48
舟山市	6.00	6.00	4.87	4.87	3.58
台州市	72.00	36.22	76.26	30.99	28.59
丽水市	5.00				

12－8 续表

地 区	标准煤（万吨）				
	2000	2005	2007	2008	2009
浙江省	**204.84**	**106.43**	**137.39**	**64.57**	**62.88**
杭州市	9.41	6.14	5.50	2.58	4.48
宁波市	18.00	5.48	26.09	12.26	8.93
温州市	6.22	13.92	6.42	3.02	3.42
嘉兴市	46.98	19.57	21.40	10.06	5.53
湖州市	15.95	8.34	4.78	2.25	4.51
绍兴市	31.79	11.82	9.15	4.30	6.91
金华市	30.13	16.46	18.52	8.71	12.34
衢州市	9.00	6.59	7.40	3.48	1.64
舟山市	2.70	2.57	2.29	1.08	1.68
台州市	32.40	15.54	35.84	16.85	13.44
丽水市	2.25				

12－9　各地区农村非商品能源生活消费情况（薪柴）(2009年)

地　区	实物（万吨）				
	2000	2005	2007	2008	2009
浙江省	**585.1**	**323.5**	**268.48**	**187.26**	**182.03**
杭州市	64.6	52.17	40.86	34.80	0.72
宁波市	48.0	19.19	16.40	3.72	5.56
温州市	23.0	26.75	20.85	15.19	14.83
嘉兴市	12.3	11.14	10.48	10.68	4.74
湖州市	56.8	15.18	8.29	7.86	7.61
绍兴市	36.8	17.71	12.22	12.41	10.22
金华市	78.0	46.62	43.87	33.61	32.35
衢州市	34.3	36.76	31.09	28.94	27.04
舟山市	1.3	1.30	1.30	1.30	0.92
台州市	130.0	50.06	37.12	38.75	38.04
丽水市	100.0	46.57	46.00		40.00

12－9　续表

地　区	标准煤（万吨）				
	2000	2005	2007	2008	2009
浙江省	**334.07**	**184.68**	**136.92**	**95.50**	**92.84**
杭州市	36.89	29.79	20.84	17.75	0.37
宁波市	27.41	10.96	8.36	1.90	2.84
温州市	13.13	15.27	10.63	7.75	7.56
嘉兴市	7.01	6.36	5.34	5.45	2.42
湖州市	32.44	8.67	4.23	4.01	3.88
绍兴市	21.03	10.11	6.23	6.33	5.21
金华市	44.54	26.62	22.37	17.14	16.50
衢州市	19.59	20.99	15.86	14.76	13.79
舟山市	0.74	0.74	0.66	0.66	0.47
台州市	74.22	28.58	18.93	19.76	19.40
丽水市	57.10	26.59	23.46		20.40

附录一、国家人口资源环境主要统计指标

附录1　国家人口资源环境主要统计指标

指　　标		2007	2008	2009
1. 人口构成				
总人口	（万人）	132129	132802	133474
#城镇		59379	60667	62186
乡村		72750	72135	71288
2. 土地资源				
耕地面积	（万公顷）	12174	12172	
人均耕地面积	（亩）	1.38	1.37	
3. 水资源				
水资源总量	（亿立方米）	25255.2	27434.3	24180.2
人均水资源量	（立方米/人）	1916.3	2071.1	1816.2
用水总量	（亿立方米）	5818.7	5910.0	5965.2
#工业用水量		1403.0	1397.1	1390.9
人均用水量	（立方米/人）	441.5	446.2	448.0
单位 GDP 用水量	（立方米/万元）	244.6	226.6	209.6
单位工业增加值用水量	（立方米/万元）	140.1	126.9	116.2
4. 森林资源				
森林面积	（万公顷）	17490.9	17490.9	19545.2
森林覆盖率	（%）	18.21	18.21	20.36
活立木总蓄积量	（亿立方米）	136.2	136.2	149.1
森林蓄积量	（亿立方米）	124.6	124.6	137.2
人均森林面积	（公顷/人）	0.13	0.13	0.15
5. 能源				
能源生产总量	（万吨标准煤）	247279	260552	274618
构成（能源生产总量=100）				
原煤	（%）	77.7	76.8	77.3
原油	（%）	10.8	10.5	9.9
天然气	（%）	3.7	4.1	4.1
电力	（%）	7.8	8.6	8.7
人均能源生产量	（千克标准煤/人）	1876	1967	2063
能源消费总量	（万吨标准煤）	280508	291448	306647
构成（能源生产总量=100）				
煤炭	（%）	71.1	70.3	70.4
石油	（%）	18.8	18.3	17.9
天然气	（%）	3.3	3.7	3.9
电力	（%）	6.8	7.7	7.8

附录1　续表

指　　标	2007	2008	2009
人均能源消费量（千克标准煤/人）	2128	2200	2303
能源生产弹性系数	0.46	0.56	0.59
能源消费弹性系数	0.59	0.41	0.57
电力生产弹性系数	1.02	0.58	0.78
电力消费弹性系数	1.01	0.58	0.79
单位 GDP 能耗（吨标准煤/万元）	1.179	1.117	1.077
6. 污染物排放			
废水排放量（亿吨）	556.8	571.9	589.1
#工业废水排放量	246.6	241.9	234.4
化学需氧量(COD)排放量（万吨）	1381.8	1320.6999	1277.5
#工业 COD 排放量	511.1	457.6	439.7
二氧化硫(SO_2)排放量（万吨）	2468.1	2321.2	2214.4
#工业 SO_2 排放量	2140.0	1991.4	1865.9
工业固体废物排放量（万吨）	1196.7	781.8	710.5
工业固体废物综合利用率（%）	62.0	64.3	67.0
单位国内生产总值废水排放量（吨/万元）	23.4	21.9	20.7
单位工业增加值废水排放量（吨/万元）	24.6	22.0	19.6
单位国内生产总值 COD 排放量（千克/万元）	5.8	5.1	4.5
单位工业增加值 COD 排放量（千克/万元）	5.1	4.2	3.7
单位国内生产总值 SO_2 排放量（千克/万元）	10.4	8.9	7.8
单位工业增加值 SO_2 排放量（千克/万元）	21.4	18.1	15.6
单位工业增加值固体废物排放量（千克/万元）	11.9	7.1	5.9
城市生活垃圾清运量（万吨）	15215	15438	15734
7. 污染治理投入			
环境污染治理投资（亿元）	3387	4490	4525
环境污染治理投资占 GDP 比重（%）	1.36	1.49	1.33

附录二、全省人口资源环境主要统计指标

附录2　全省人口资源环境主要指标

指　　标		2006	2007	2008	2009
1. 人口构成					
总人口	（万人）	4980	5060	5120	5180
#城镇		2813.70	2894.30	2949.10	2999.20
乡村		2166.30	2165.70	2170.90	2180.80
2. 土地资源					
耕地面积	（万公顷）	191.65	191.75	192.09	
人均耕地面积	（亩）	0.58	0.57	0.56	
3. 水资源					
水资源总量	（亿立方米）	903.59	892.15	855.23	931.35
人均水资源量	（立方米/人）	1829.50	1777.19	1680.22	1808.45
用水总量	（亿立方米）	208.26	210.98	216.62	217.07
#工业用水量		62.73	64.17	61.03	55.34
人均用水量	（立方米/人）	421.66	420.28	425.58	421.50
单位 GDP 用水量	（立方米/万元）	136.30	120.42	112.34	103.33
单位工业增加值用水量	（立方米/万元）	286.37	249.17	232.48	219.97
4. 森林资源					
林业用地面积	（万公顷）	667.97	667.97	667.97	660.74
森林面积	（万公顷）	584.42	584.42	584.42	601.36
森林覆盖率	（%）	57.41	57.41	57.41	59.07
活立木总蓄积量	（亿立方米）	19382.93	19382.93	19382.93	24224.93
森林蓄积量	（亿立方米）	17223.14	17223.14	17223.14	21679.75
人均森林面积	（公顷/人）	0.12	0.12	0.11	0.12
5. 能源					
能源生产总量	（万吨标准煤）	1216.21	1169.43	1228.75	1238.39
#原煤	（万吨）	13.46	12.33	13.10	13.20
原油	（万吨）	-	-	-	-
天然气	（亿立方米）	-	-	-	-
电力	（亿千瓦时）	362.44	357.36	386.25	395.89
人均能源生产量	（千克标准煤/人）	246.25	232.95	241.40	240.46
能源消费总量	（万吨标准煤）	13222.53	14532.91	15116.59	15566.89
#煤炭	（万吨）	11340.04	13024.12	13040.94	13276.16
石油	（万吨）	1931.33	1970.53	2067.13	2311.89
天然气	（亿立方米）	11.89	18.09	17.70	19.09
电力	（亿千瓦时）	1909.23	2189.37	2322.87	2471.44

附录2　续表

指　标		2006	2007	2008	2009
人均能源消费量	（千克标准煤/人）	2677.17	2895.00	2952.46	3022.70
能源生产弹性系数		0.32	0.26	0.50	0.10
能源消费弹性系数		0.71	0.67	0.40	0.34
电力生产弹性系数		1.53	1.21	0.26	0.61
电力消费弹性系数		1.17	1.00	0.61	0.72
单位 GDP 能耗	（吨标准煤/万元）	0.86	0.83	0.78	0.74
6. 污染物排放					
废水排放量	（亿吨）	33.07	33.81	35.04	36.50
#工业废水排放量		19.96	20.12	20.05	20.34
化学需氧量（COD）排放量	（万吨）	59.27	56.40	53.86	51.38
#工业 COD 排放量		28.65	26.43	24.27	24.05
二氧化硫（SO_2）排放量	（万吨）	85.90	79.70	74.06	70.13
#工业 SO_2 排放量		82.90	77.50	71.59	67.70
工业固体废物排放量	（万吨）	5.18	1.44	1.67	0.78
工业固体废物综合利用率	（%）	91.77	92.23	92.19	91.55
单位 GDP 废水排放量	（吨/万元）	21.64	19.30	18.17	17.38
单位工业增加值废水排放量	（吨/万元）	45.47	39.93	37.61	36.99
单位地方生产总值 COD 排放量	（千克/万元）	3.88	3.22	2.79	2.45
单位工业增加值 COD 排放量	（千克/万元）	8.15	6.66	5.78	5.21
单位地方生产总值 SO_2 排放量	（千克/万元）	5.62	4.55	3.84	3.34
单位工业增加值 SO_2 排放量	（千克/万元）	11.81	9.41	7.95	7.11
单位工业增加值固体废物排放量	（千克/万元）	0.71	0.17	0.18	0.08
城市生活垃圾清运量	（万吨）	212.20	772.04	806.78	925.62
7. 污染治理投入					
环境污染治理投资	（亿元）	158.46	198.14	543.34	221.05
环境污染治理投资占 GDP 比重	（%）	1.01	1.06	2.53	0.96

注：环境污染治理投资中：城市环境基础设施投资口径为城市和县。

附录三、“十五”和“十一五”时期国家主要环境保护指标

附录3-1 “十五”时期国家主要污染物排放情况

单位:万吨

指标	2000	2001	2002	2003	2004	2005
二氧化硫排放总量	1995.1	1947.2	1926.6	2158.5	2254.9	2549.4
工业	1612.5	1566.0	1562.0	1791.6	1891.4	2168.4
生活	382.6	381.2	364.6	366.9	363.5	381.0
烟尘排放总量	1165.4	1069.8	1012.7	1048.5	1095.0	1182.5
工业	953.3	852.1	804.2	846.1	886.5	948.9
生活	212.1	217.9	208.5	202.5	208.5	233.6
工业粉尘排放总量	1092.0	990.6	941.0	1021.3	904.8	911.2
化学需氧量排放总量	1445.0	1404.8	1366.9	1333.9	1339.2	1414.2
工业	704.5	607.5	584.0	511.8	509.7	554.7
生活	740.5	797.3	782.9	821.1	829.5	859.4
氨氮排放总量		125.2	128.8	129.6	133.0	149.8
工业		41.3	42.1	40.4	42.2	52.5
生活		83.9	86.7	89.2	90.8	97.3
工业固体废物排放总量	3186.2	2893.8	2635.2	1940.9	1762.0	1654.7

资料来源:环境保护部。

附录3－2 “十一五”时期国家人口、资源和环境指标

指　　标	2005	2010	年均增长（%）	属　性
全国总人口　（万人）	130756	136000	<8‰	约束性
单位国内生产总值能源消耗降低（%）			[20]	约束性
单位工业增加值用水量降低　（%）			[30]	约束性
农业灌溉用水有效利用系数	0.45	0.50	[0.5]	预期性
工业固体废物综合利用率　（%）	55.8	60.0	[4.2]	预期性
耕地保有量　（亿公顷）	1.22	1.20	－0.3	约束性
主要污染物排放总量减少　（%）			[10]	约束性
森林覆盖率　（%）	18.2	20.0	[1.8]	约束性

注：国内生产总值为2005年价格；带[　]的为五年累计数；主要污染物指二氧化硫和化学需氧量。

附录3－3 “十一五”时期国家主要环境保护指标

指　　标	2005	2010	“十一五”增减情况
化学需氧量排放总量　（万吨）	1414	1270	－10%
二氧化硫排放总量　（万吨）	2549	2295	－10%
地表水国控断面劣	26.1	<22	－4.1个百分点
V类水质的比例　（%）			－4.1
七大水系国控断面	41.0	>43	2.0个百分点
好于Ⅲ类的比例　（%）			2.0
重点城市空气质量好于	69.4	75	5.6个百分点
Ⅱ级标准的天数超过			5.6
292天的比例　（%）			

附录四、“十五”和“十一五”时期全省主要环境保护指标

附录4-1 “十五”时期全省主要污染物排放情况

单位:万吨

指　　标	2000	2001	2002	2003	2004	2005
二氧化硫排放总量	59.3	59.2	62.4	73.4	81.4	86.0
工　业	56.2	55.6	59.4	70.7	78.9	83.1
生　活	3.10	3.62	2.97	2.70	2.50	2.93
烟尘排放总量	25.4	24.3	19.7	20.5	21.9	21.2
工　业	24.7	23.2	18.7	19.4	20.8	19.9
生　活	0.73	1.09	0.99	1.09	1.08	1.31
工业粉尘排放总量	49.0	46.1	32.6	31.7	33.3	23.1
化学需氧量排放总量	62.60	63.16	57.86	56.20	55.65	59.47
工　业	35.84	32.09	28.35	25.64	25.15	28.96
生　活	26.76	31.07	29.51	30.56	30.50	30.51
氨氮排放总量	-	8.70	6.82	6.84	6.30	6.29
工　业	-	5.62	3.90	3.80	3.35	3.10
生　活	-	3.08	2.92	3.04	2.95	3.19
工业固体废物排放总量	6.42	5.40	5.16	4.44	4.43	5.64

资料来源:环境保护厅。

附录4-2 “十一五”时期全省人口、资源和环境指标

指　　标		2005	2010	年均增长（%）	属　性
单位地方生产总值能源消耗降低	（%）	0.9	20	[4.4]	约束性
单位工业增加值用水量降低	（%）		30	-6.9	约束性
农业灌溉用水有效利用系数		0.52	0.56		预期性
工业固体废物综合利用率	（%）	92.6	>93	[0.48]	预期性
耕地保有量	（万公顷）	不能低于205.60			约束性
二氧化硫排放总量下降	（%）		15		约束性
化学需氧量排放总量下降	（%）		15.1		
森林覆盖率	（%）	稳定在60%以上			约束性

注：地方生产总值为2005年价格；带[　]的为五年增长或年平均增长。

附录4－3 “十一五”全省主要环境保护指标

指 标	2005	2010	“十一五” 增减情况
化学需氧量排放总量 （万吨）	59.5	50.5	－15.1%
二氧化硫排放总量 （万吨）	86.0	73.1	－15%
全省地表水水质达标率		>62	
地表水市县交界断面水质达标率		>60	
近岸海域海水好于Ⅱ类水体的比例		>20	
设区城市空气质量好于Ⅱ级标准的天数超过292天的比例 （%）		>80	

附录五、东中西部地区主要环境指标

附录5－1　东中西部地区水资源情况(2009年)

单位:亿立方米

区域	地区	水资源总量	地表水	地下水	地表水与地下水重复量	降水量	人均水资源量
	全　国	**24180.2**	**23125.2**	**7267.0**	**6212.1**	**55965.5**	**1816.2**
东部	**东部小计**	**4731.6**	**4375.0**	**1414.1**	**1057.6**	**10242.6**	**981.6**
	北　京	21.8	6.8	17.8	2.7	73.6	126.6
	天　津	15.2	10.6	5.6	0.9	72.0	126.8
	河　北	141.2	47.5	122.7	29.1	868.4	201.3
	上　海	41.6	34.6	9.9	3.0	83.9	218.3
	江　苏	400.3	306.0	110.8	16.5	1051.7	519.8
	浙　江	931.3	917.4	208.0	194.1	1655.0	1808.4
	福　建	800.8	799.6	244.7	243.4	1777.7	2214.9
	山　东	285.0	173.8	180.7	69.5	1079.9	301.7
	广　东	1613.7	1604.1	407.6	398.0	2803.3	1682.5
	海　南	480.7	474.6	106.3	100.3	777.0	5596.2
中部	**中部小计**	**4540.3**	**4274.8**	**1377.7**	**1112.2**	**10653.2**	**1277.7**
	山　西	85.8	47.7	76.1	38.1	779.4	250.8
	安　徽	733.1	685.9	185.4	138.3	1665.4	1195.3
	江　西	1166.9	1144.7	312.9	290.7	2323.9	2642.5
	河　南	328.8	208.3	188.1	67.6	1247.9	347.6
	湖　北	825.3	794.4	263.4	232.6	1982.2	1443.9
	湖　南	1400.5	1393.8	351.7	345.0	2654.5	2190.6
西部	**西部小计**	**13449.7**	**13239.0**	**3976.9**	**3766.3**	**30387.0**	**3672.2**
	内蒙古	378.1	263.4	214.4	99.6	2679.0	1563.9
	广　西	1484.3	1484.3	256.8	256.8	3061.7	3069.3
	重　庆	455.9	455.9	81.9	81.9	848.4	1600.3
	四　川	2332.2	2330.6	580.0	578.4	4363.3	2857.5
	贵　州	910.0	910.0	249.0	249.0	1673.4	2397.7
	云　南	1576.6	1576.6	582.6	582.6	3691.2	3459.7
	西　藏	4029.2	4029.2	871.5	871.5	6426.1	139658.9
	陕　西	416.5	393.7	132.4	109.6	1443.6	1105.6
	甘　肃	209.0	201.8	123.6	116.4	1040.3	794.3
	青　海	895.1	873.9	392.3	371.1	2669.3	16113.6
	宁　夏	8.4	6.0	22.1	19.7	121.8	135.5
	新　疆	754.3	713.7	470.5	429.8	2369.0	3516.6
东北	**东北小计**	**1458.6**	**1236.4**	**498.3**	**276.0**	**4682.8**	**1340.7**
	辽　宁	171.0	138.0	87.6	54.6	800.7	396.0
	吉　林	298.0	252.8	97.3	52.0	1038.9	1088.9
	黑龙江	989.6	845.6	313.4	169.4	2843.2	2586.9

资料来源:水利部。

附录5－2　东中西部地区废水排放及处理情况(2009年)

单位:万吨

区域	地区	废水排放总量	工业废水	生活污水	化学需氧量排放量	工业	生活
	全　国	**5890877**	**2343857**	**3547021**	**1277.54**	**439.68**	**837.86**
东部	**东部小计**	**2921003**	**1160300**	**1760703**	**441.51**	**134.38**	**307.13**
	北　京	140813	8713	132100	9.88	0.49	9.39
	天　津	59647	19441	40206	13.30	2.35	10.95
	河　北	244989	110058	134931	57.01	23.04	33.97
	上　海	230518	41192	189326	24.34	2.90	21.44
	江　苏	522329	256160	266169	82.17	25.13	57.04
	浙　江	365017	203442	161575	51.38	24.05	27.33
	福　建	246013	142747	103266	37.57	7.54	30.03
	山　东	386731	182673	204058	64.70	26.05	38.65
	广　东	687429	188844	498585	91.12	21.68	69.44
	海　南	37518	7031	30486	10.03	1.16	8.87
中部	**中部小计**	**1292672**	**508398**	**784274**	**325.40**	**103.13**	**222.27**
	山　西	105875	39720	66155	34.44	14.19	20.25
	安　徽	179701	73441	106260	42.41	12.88	29.53
	江　西	147081	67192	79888	43.52	10.35	33.17
	河　南	333980	140325	193656	62.62	29.77	32.86
	湖　北	265757	91324	174433	57.57	14.37	43.20
	湖　南	260278	96396	163883	84.84	21.56	63.28
西部	**西部小计**	**1239824**	**528248**	**711576**	**372.09**	**154.64**	**217.45**
	内蒙古	73155	28616	44539	27.85	12.01	15.85
	广　西	305507	161596	143911	97.63	51.88	45.75
	重　庆	147069	65684	81385	23.98	10.03	13.95
	四　川	262709	105910	156799	74.77	24.51	50.25
	贵　州	59159	13478	45682	21.60	1.30	20.30
	云　南	87591	32375	55215	27.31	8.53	18.78
	西　藏	3455	942	2514	1.54	0.07	1.47
	陕　西	111219	49137	62082	31.81	12.64	19.17
	甘　肃	49270	16364	32907	16.81	4.87	11.94
	青　海	22171	8404	13767	7.61	3.93	3.69
	宁　夏	41336	21542	19794	12.52	9.73	2.78
	新　疆	77184	24201	52983	28.67	15.14	13.53
东北	**东北小计**	**437378**	**146910**	**290467**	**138.54**	**47.53**	**91.01**
	辽　宁	217155	75159	141996	56.26	21.63	34.64
	吉　林	109715	37563	72151	36.08	14.72	21.36
	黑龙江	110508	34188	76320	46.20	11.19	35.01

资料来源:环境保护部(以下各表同)。

附录 5－2　续表

单位:万吨

区域	地区	氨氮排放量	工业	生活	工业废水排放达标率(%)
	全　国	**122.61**	**27.35**	**95.26**	**94.2**
东部	**东部小计**	**43.69**	**8.22**	**35.47**	**96.9**
	北　京	1.30	0.05	1.26	98.4
	天　津	1.20	0.29	0.91	100.0
	河　北	5.51	1.72	3.79	98.3
	上　海	2.98	0.20	2.78	98.8
	江　苏	6.53	1.38	5.16	98.1
	浙　江	4.10	1.52	2.58	95.3
	福　建	3.01	0.62	2.39	98.8
	山　东	6.73	1.39	5.34	98.6
	广　东	11.51	1.00	10.51	92.3
	海　南	0.81	0.06	0.76	96.6
中部	**中部小计**	**34.54**	**9.80**	**24.75**	**93.8**
	山　西	4.07	1.15	2.92	82.3
	安　徽	4.68	1.44	3.24	96.2
	江　西	3.41	0.73	2.68	93.8
	河　南	7.52	2.57	4.95	96.1
	湖　北	6.46	1.51	4.95	95.9
	湖　南	8.40	2.40	6.00	91.4
西部	**西部小计**	**30.51**	**7.43**	**23.08**	**91.1**
	内蒙古	3.39	0.47	2.92	85.1
	广　西	4.80	1.40	3.41	95.0
	重　庆	2.68	0.73	1.95	94.3
	四　川	5.95	1.35	4.60	95.4
	贵　州	1.71	0.09	1.62	71.0
	云　南	1.90	0.32	1.58	92.6
	西　藏	0.15	…	0.15	22.3
	陕　西	3.19	0.72	2.47	96.7
	甘　肃	2.67	1.19	1.48	81.1
	青　海	0.71	0.17	0.54	55.8
	宁　夏	0.81	0.42	0.39	87.4
	新　疆	2.55	0.58	1.97	66.7
东北	**东北小计**	**13.86**	**1.90**	**11.97**	**86.2**
	辽　宁	6.25	0.96	5.29	85.9
	吉　林	2.86	0.26	2.60	81.5
	黑龙江	4.75	0.68	4.08	91.8

附录5－3　东中西部地区废气排放情况(2009年)

单位:万吨

区域	地区	工业废气排放总量(亿标立方米)	二氧化硫排放量	工业	生活
	全　国	**436063.8**	**2214.4**	**1865.9**	**348.5**
东部	**东部小计**	**187180.1**	**686.6**	**600.3**	**86.3**
	北　京	4408.3	11.9	6.0	5.9
	天　津	5982.8	23.7	17.3	6.4
	河　北	50779.4	125.3	104.3	21.1
	上　海	10058.6	37.9	23.9	14.0
	江　苏	27431.7	107.4	101.2	6.2
	浙　江	18860.3	70.1	67.7	2.4
	福　建	10497.1	42.0	39.9	2.0
	山　东	35126.7	159.0	136.6	22.4
	广　东	22682.0	107.0	101.3	5.8
	海　南	1353.2	2.2	2.1	0.1
中部	**中部小计**	**92932.3**	**518.1**	**433.9**	**84.2**
	山　西	23692.9	126.8	101.0	25.9
	安　徽	15272.6	53.8	48.7	5.2
	江　西	8286.1	56.4	49.0	7.4
	河　南	22185.6	135.5	117.6	17.9
	湖　北	12522.6	64.4	52.7	11.6
	湖　南	10972.6	81.2	64.9	16.2
西部	**西部小计**	**113639.4**	**819.2**	**667.9**	**151.3**
	内蒙古	24844.4	139.9	120.4	19.5
	广　西	13184.2	89.0	83.5	5.5
	重　庆	12586.5	74.6	58.6	16.0
	四　川	13410.0	113.5	94.6	18.9
	贵　州	7785.8	117.5	62.4	55.2
	云　南	9483.8	49.9	41.8	8.1
	西　藏	15.4	0.2	0.2	…
	陕　西	11031.9	80.4	74.2	6.3
	甘　肃	6313.9	50.0	40.1	9.9
	青　海	3308.0	13.6	12.7	0.8
	宁　夏	4700.6	31.4	27.8	3.6
	新　疆	6974.9	59.0	51.5	7.5
东北	**东北小计**	**42312.1**	**190.5**	**163.8**	**26.7**
	辽　宁	25211.2	105.1	91.9	13.3
	吉　林	7123.8	36.3	30.0	6.3
	黑龙江	9977.1	49.0	41.9	7.1

附录5－3　续表

单位:万吨

区域	地区	烟尘排放量	工业	生活	工业粉尘排放量
	全国	**847.7**	**604.4**	**243.3**	**523.6**
东部	**东部小计**	**209.7**	**155.4**	**54.3**	**128.4**
	北京	4.4	1.9	2.5	1.7
	天津	7.1	5.9	1.3	0.8
	河北	51.9	33.0	18.9	42.7
	上海	10.2	3.6	6.5	0.8
	江苏	33.0	30.1	2.9	16.4
	浙江	19.0	18.0	1.0	16.8
	福建	11.3	7.1	4.3	15.7
	山东	41.7	30.2	11.5	22.1
	广东	30.1	24.8	5.3	10.5
	海南	0.9	0.8	0.2	0.9
中部	**中部小计**	**224.6**	**178.3**	**46.3**	**198.3**
	山西	64.7	43.8	20.9	42.8
	安徽	28.0	23.0	5.0	28.5
	江西	16.4	13.9	2.5	26.3
	河南	59.7	52.1	7.6	24.9
	湖北	21.7	17.9	3.7	18.3
	湖南	34.1	27.6	6.6	57.5
西部	**西部小计**	**270.4**	**171.0**	**99.5**	**157.5**
	内蒙古	49.4	32.1	17.3	16.4
	广西	25.9	24.7	1.3	46.7
	重庆	19.1	10.9	8.2	10.8
	四川	28.5	19.6	8.9	11.4
	贵州	44.0	11.8	32.2	9.9
	云南	17.8	12.4	5.5	10.2
	西藏	0.2	0.1	0.2	0.1
	陕西	20.2	15.1	5.2	14.8
	甘肃	16.2	9.2	7.0	8.4
	青海	7.6	5.4	2.2	6.9
	宁夏	9.8	7.9	1.8	3.6
	新疆	31.7	22.0	9.7	18.5
东北	**东北小计**	**143.0**	**99.8**	**43.2**	**39.4**
	辽宁	61.3	40.1	21.1	22.7
	吉林	38.4	27.7	10.7	6.6
	黑龙江	43.3	31.9	11.4	10.1

附录5－4　东中西部地区工业固体废物产生及处理情况（2009年）

单位：万吨

区域	地区	工业固体废物产生量	工业固体废物排放量（吨）	工业固体废物综合利用量	工业固体废物处置量	工业固体废物综合利用率（%）
	全　国	**203943.4**	**710.5**	**138185.8**	**47487.7**	**67.0**
东部	**东部小计**	**64354.5**	**49.8**	**55463.5**	**8216.9**	**85.0**
	北　京	1242.4	0.1	910.4	754.6	68.9
	天　津	1515.7		1498.3	25.7	98.3
	河　北	21975.8	30.5	15693.3	5259.9	70.9
	上　海	2254.6	…	2171.6	85.7	95.7
	江　苏	8027.8		7862.2	102.0	96.8
	浙　江	3909.7	0.8	3585.9	256.0	91.5
	福　建	6348.9	2.4	5425.8	874.5	85.4
	山　东	14137.9	…	13826.4	523.9	94.8
	广　东	4740.9	16.0	4321.6	313.5	90.3
	海　南	200.9		167.9	21.2	83.6
中部	**中部小计**	**53551.9**	**180.6**	**36170.3**	**14673.8**	**66.6**
	山　西	14742.9	141.6	8955.8	5099.4	60.1
	安　徽	8470.8	…	7227.0	922.7	83.1
	江　西	8898.2	14.0	3702.7	4416.1	41.6
	河　南	10785.8	1.3	8064.3	2691.4	73.7
	湖　北	5561.5	5.1	4210.2	1164.4	74.8
	湖　南	5092.8	18.6	4010.4	379.8	76.7
西部	**西部小计**	**59600.3**	**476.4**	**31962.8**	**16734.3**	**53.4**
	内蒙古	12108.3	9.2	6367.9	4513.0	52.6
	广　西	5693.1	12.1	3856.7	1434.4	67.3
	重　庆	2551.8	149.9	2076.7	126.7	79.8
	四　川	8596.9	6.1	4952.3	2845.2	57.5
	贵　州	7317.4	94.5	3350.7	2109.4	45.6
	云　南	8672.8	60.6	4264.8	2615.4	48.9
	西　藏	11.1	4.1	0.2		1.8
	陕　西	5546.7	17.3	2997.6	1445.1	54.0
	甘　肃	3150.2	12.3	1072.7	1216.8	33.3
	青　海	1347.6	1.4	508.2	1.5	37.3
	宁　夏	1398.3	3.7	987.9	251.0	70.6
	新　疆	3206.1	105.2	1527.2	175.8	47.3
东北	**东北小计**	**26436.7**	**3.7**	**14589.2**	**7862.7**	**54.6**
	辽　宁	17221.4	2.8	8240.7	7261.1	47.2
	吉　林	3940.5		2538.8	88.5	64.3
	黑龙江	5274.7	1.0	3809.7	513.0	71.7

附录 5－5　东中西部地区环境污染治理投资情况（2009 年）

单位：亿元

区 域	地 区	环境污染治理投资总额	城市环境基础设施建设投资	工业污染源治理投资	“三同时”项目环保投资	环境污染治理投资占 GDP 比重（%）
	全　国	**4525.3**	**2512.0**	**442.6**	**1570.7**	**1.33**
	东部小计	**2095.5**	**1317.1**	**175.5**	**603.0**	
东 部	北　京	208.7	180.2	3.4	25.0	1.72
	天　津	103.7	56.1	18.0	29.6	1.38
	河　北	248.6	159.0	13.2	76.4	1.44
	上　海	160.1	63.9	6.8	89.3	1.06
	江　苏	369.9	232.8	27.1	110.0	1.07
	浙　江	198.0	99.1	19.4	79.6	0.86
	福　建	87.2	31.5	12.9	42.9	0.71
	山　东	459.5	296.0	51.6	111.9	1.36
	广　东	240.1	183.3	22.7	34.1	0.61
	海　南	19.7	15.2	0.4	4.1	1.19
	中部小计	**785.8**	**424.4**	**110.4**	**251.0**	
中 部	山　西	157.8	63.8	38.7	55.4	2.14
	安　徽	139.2	93.3	10.8	35.1	1.38
	江　西	70.4	48.5	4.0	18.0	0.92
	河　南	121.3	57.9	15.4	48.0	0.62
	湖　北	150.6	70.6	28.1	51.9	1.16
	湖　南	146.4	90.3	13.4	42.7	1.12
	西部小计	**887.0**	**491.1**	**119.2**	**276.6**	
西 部	内蒙古	155.2	113.0	17.8	24.4	1.59
	广　西	132.3	85.0	11.7	35.5	1.70
	重　庆	109.7	62.1	7.1	40.6	1.68
	四　川	103.5	51.5	9.6	42.4	0.73
	贵　州	21.2	5.1	8.9	7.1	0.54
	云　南	79.6	33.5	9.5	36.6	1.29
	西　藏	2.7	2.7			0.61
	陕　西	119.1	61.0	20.6	37.4	1.46
	甘　肃	44.4	18.6	12.3	13.5	1.31
	青　海	12.3	3.7	2.9	5.6	1.13
	宁　夏	28.7	10.0	4.3	14.4	2.12
	新　疆	78.2	44.8	14.3	19.1	1.83
	东北小计	**378.8**	**279.4**	**37.5**	**61.8**	
东 北	辽　宁	204.9	152.9	19.7	32.3	1.35
	吉　林	66.1	42.4	7.9	15.7	0.91
	黑龙江	107.8	84.1	9.9	13.8	1.26

资料来源：环境保护部、住房和城乡建设部。

附录5－6　东中西部地区城市环境情况(2009年)

区　域	地　区	城市污水排放量（万立方米）	城市污水处理率（%）	城市燃气普及率（%）	生活垃圾无害化处理率（%）
	全　国	**3712129**	**75.3**	**91.4**	**71.4**
东　部	**东部小计**	**1946453**	**80.7**	**98.1**	**81.5**
	北　京	136511	80.3	100.0	98.2
	天　津	68325	80.1	100.0	94.3
	河　北	127979	84.5	97.9	59.0
	上　海	231088	89.0	100.0	78.8
	江　苏	325535	85.4	98.4	91.0
	浙　江	207498	78.9	97.9	97.6
	福　建	100675	80.3	98.6	92.5
	山　东	229929	88.1	99.2	90.5
	广　东	497575	71.5	96.5	65.5
	海　南	21338	58.4	83.7	65.0
中　部	**中部小计**	**703318**	**74.8**	**84.9**	**66.5**
	山　西	58290	75.2	87.3	62.9
	安　徽	117004	83.2	88.6	60.9
	江　西	69113	74.9	92.2	84.4
	河　南	141895	83.9	72.9	75.3
	湖　北	164412	75.3	91.2	55.7
	湖　南	152604	59.2	85.6	66.6
西　部	**西部小计**	**640940**	**69.3**	**83.6**	**72.3**
	内蒙古	42444	75.2	75.5	72.0
	广　西	109946	73.4	92.2	86.3
	重　庆	61830	88.4	91.8	95.9
	四　川	139196	67.5	83.4	83.5
	贵　州	30921	56.2	68.5	81.7
	云　南	47720	85.3	77.7	80.9
	西　藏	6403		81.4	0.0
	陕　西	66881	66.4	89.6	69.2
	甘　肃	43064	61.3	73.0	32.4
	青　海	10872	46.4	91.5	65.1
	宁　夏	37306	42.2	87.1	42.0
	新　疆	44357	75.4	89.3	60.6
东　北	**东北小计**	**421418**	**59.7**	**88.8**	**42.7**
	辽　宁	236611	60.2	93.7	59.9
	吉　林	70180	64.6	85.5	38.4
	黑龙江	114627	55.6	83.8	29.9

资料来源:住房和城乡建设部。

附录 5-7　东中西部地区农村环境情况(2009 年)

区 域	地 区	改水累计受益人口（万人）	累计改水受益率（%）	卫生厕所普及率（%）	无害化卫生厕所普及率（%）
	全　国	**90250.9**	**94.35**	**63.21**	**40.49**
东 部	**东部小计**	**31075.6**	**98.33**	**75.47**	**54.37**
	北　京	300.5	100.00	85.48	75.39
	天　津	376.1	100.00	91.20	91.04
	河　北	5195.2	97.40	50.18	24.81
	上　海	332.8	99.99	96.60	96.36
	江　苏	5331.1	98.38	76.71	51.48
	浙　江	3440.5	96.77	86.48	73.50
	福　建	2638.2	98.40	72.94	70.48
	山　东	6974.6	99.60	80.49	40.97
	广　东	5883.9	98.57	81.89	73.43
	海　南	602.9	95.05	59.15	57.39
中 部	**中部小计**	**27660.9**	**95.70**	**63.45**	**37.67**
	山　西	2180.3	91.40	49.26	19.67
	安　徽	5165.4	98.37	54.14	22.10
	江　西	3297.5	97.47	71.45	44.55
	河　南	7651.3	95.41	69.08	51.44
	湖　北	4514.0	97.15	70.21	43.41
	湖　南	4852.4	92.98	60.83	32.72
西 部	**西部小计**	**25665.8**	**88.02**	**48.59**	**33.32**
	内蒙古	1229.6	83.46	34.47	7.95
	广　西	3624.5	87.93	53.18	51.74
	重　庆	2522.7	98.13	48.69	48.69
	四　川	6245.8	90.95	54.35	41.96
	贵　州	2531.3	77.14	35.29	16.48
	云　南	3014.0	81.80	53.74	26.71
	西　藏				
	陕　西	2787.0	96.93	40.89	31.27
	甘　肃	2003.7	94.95	57.75	17.47
	青　海	331.0	84.98	45.53	8.26
	宁　夏	404.3	96.71	41.83	28.30
	新　疆	779.7	66.70	42.36	14.02
	新疆兵团	192.2	96.49	43.02	37.24
东 北	**东北小计**	**5848.5**	**97.63**	**62.31**	**12.27**
	辽　宁	2195.2	96.56	59.14	19.07
	吉　林	1506.2	98.13	66.69	6.76
	黑龙江	2147.1	98.40	62.85	8.67

资料来源：卫生部。

附录六、世界主要国家和地区环境统计指标

附录6－1　水资源

国家和地区	降水量（百万立方米）	国内径流量（百万立方米）	地表水与地下水的外部流入量（百万立方米）	可更新淡水资源总量（百万立方米）	人均可更新淡水量（立方米/人）
阿富汗	213429	55000	10000	65000	2389
阿尔巴尼亚	42700	26900	14800	41700	13266
阿尔及利亚	211499	13900	420	14320	417
安道尔	466	263		263	3116
安哥拉	1258793	184000		184000	10210
安提瓜和巴布达	500	52		52	600
阿根廷	1642104	276000	538000	814000	20410
亚美尼亚	17640	6317	940	7257	2358
澳大利亚	3630635	387184		387184	18372
奥地利	98000	55000	29000	84000	10075
阿塞拜疆	36978	10330	20573	30903	3540
巴哈马	17934	20		20	59
巴　林	71	－9		－9	－12
孟加拉国	383832	105000	1105644	1210644	7567
巴巴多斯	600	80		80	315
白俄罗斯	136186	52938	23200	76138	7866
比利时	28887	12327	7606	19933	1882
伯利兹	39100	16000	2555	18555	61717
贝　宁	117046	10300	14500	24800	2863
百慕大	8	7		7	112
不　丹	…	…	…	73000	106292
玻利维亚	1258863	303531	319000	622531	64217
波　黑	52562	35500	2000	37500	9939
博茨瓦纳	241825	2900	11500	14400	7496
巴　西	15333391	5657230	2768672	8425901	43891
文　莱	15706	8500		8500	21668
保加利亚	68220	15304	450	15754	2075
布基纳法索	204925	12500		12500	821
布隆迪	33903	3600		3600	446
柬埔寨	344628	120570	355540	476110	32695
喀麦隆	…	273000	12500	285500	14957
加拿大	4930000	2740000	51500	2791500	83931
佛得角	900	300		300	602
中非共和国	836662	141000	3400	144400	33278
乍　得	413191	15000	28000	43000	3940

资料来源：联合国统计司/环境规划署环境统计问卷水部分；经合组织/欧盟统计局国家环境问卷水部分；经合组织环境数。

据摘要内陆水部分。

联合国粮农组织水统计数据库。

联合国经济社会局人口处，世界人口展望：2008 修订版，纽约，2009。

附录6－1　　续表1

国家和地区	降水量（百万立方米）	国内径流量（百万立方米）	地表水与地下水的外部流入量（百万立方米）	可更新淡水资源总量（百万立方米）	人均可更新淡水量（立方米/人）
智　利	1151600	884000	38000	922000	54868
中　国	6172800	2840500	21400	2861900	2140
中国香港	2431	1075	...	1075	154
哥伦比亚	2974605	2112000	20000	2132000	47365
科摩罗	2000	1200		1200	1816
刚　果	562932	222000	610000	832000	230142
哥斯达黎加	149529	112400		112400	24872
科特迪瓦	434676	76700	4300	81000	3934
克罗地亚	62912	37700	67800	105500	23855
古　巴	147965	38120		38120	3402
塞浦路斯	3072	327		327	379
捷　克	54653	15237	740	15977	1548
刚果民主共和国	3618119	900000	383000	1283000	19967
丹　麦	38485	16340		16340	2994
吉布提	5100	300		300	353
多米尼加共和国	68690	20995		20995	2109
厄瓜多尔	582985	...		264618	19628
埃　及	18000	1000	55055	56055	688
萨尔瓦多	56052	23212	635	23847	3888
赤道几内亚	60481	26000		26000	39442
厄立特里亚	45147	2800	3500	6300	1279
爱沙尼亚	29018	12044	9070	12347	9205
埃塞俄比亚	936005	110000		110000	1363
斐　济	47356	28550		28550	33825
芬　兰	222000	107000	3200	110000	20737
法　国	485686	175293	11000	186293	3003
法属圭亚那	260550	134000		134000	608817
加　蓬	489997	164000		164000	113247
冈比亚	9099	－3423	6279	2856	1720
格鲁吉亚	83141	46845	6931	53776	12486
德　国	307000	117000	75000	188000	2285
加　纳	283195	30300	22900	53200	2278
希　腊	115000	60000	12000	72000	6465
格陵兰	759000	603000		603000	10522275
危地马拉	217300	109200	2070	111270	8130
几内亚	405939	226000		226000	22984
几内亚比绍	56972	16000	15000	31000	19677
圭亚那	513112	241000		241000	315678

附录 6－1　　续表 2

国家和地区	降水量（百万立方米）	国内径流量（百万立方米）	地表水与地下水的外部流入量（百万立方米）	可更新淡水资源总量（百万立方米）	人均可更新淡水量（立方米/人）
海　地	39966	13010	1015	14025	1420
洪都拉斯	221434	95929		95929	13107
匈牙利	58000	6000	114000	120000	11985
冰　岛	200000	170000	...	170000	538878
印　度	4000000	...	...	1869000	1582
印度尼西亚	5146529	2838000		2838000	12483
伊　朗	375790	128500	9010	137510	1876
伊拉克	94677	35200	61220	96420	3204
爱尔兰	80000	47500	1287	47500	10706
以色列	9157	750	920	1670	237
意大利	296000	167000	8000	175000	2936
牙买加	22542	9404		9404	3473
日　本	649071	423571		423571	3328
约　旦	9929	680	200	880	143
哈萨克斯坦	680408	75420	34190	109610	7062
肯尼亚	401906	20200	10000	30200	779
朝　鲜	127000	67000	10135	77135	3238
韩　国	124000	72300		72300	1501
科威特	2160		20	20	7
吉尔吉斯斯坦	106500	46450		46450	8580
老　挝	434362	190420	143130	333550	53752
拉脱维亚	42701	16901	16830	33731	14933
黎巴嫩	6900	4800	37	4837	1153
莱索托	23928	5230		5230	2552
利比里亚	266286	200000	32000	232000	61159
利比亚	98500	600		600	95
立陶宛	44010	15510	8990	24500	7377
卢森堡	2030	905	739	1644	3421
马达加斯加	888192	337000		337000	17634
马拉维	139960	16140	1140	17280	1164
马来西亚	948163	580000		580000	21470
马尔代夫	592	30		30	98
马　里	349610	60000	40000	100000	7870
马耳他	181	67		67	165
毛里塔尼亚	94656	400	11000	11400	3546
毛里求斯	3700	2590		2590	2024

附录 6－1　　续表 3

国家和地区	降水量（百万立方米）	国内径流量（百万立方米）	地表水与地下水的外部流入量（百万立方米）	可更新淡水资源总量（百万立方米）	人均可更新淡水量（立方米/人）
墨西哥	1515478	422882	49700	472582	4353
蒙　古	377370	34800		34800	13176
摩洛哥	150000	29000		29000	918
莫桑比克	827200	99000	117110	216110	9655
缅　甸	...	107400	17900	125300	2528
纳米比亚	235252	6160	39300	45460	21344
尼泊尔	220800	198200	12000	210200	7296
荷　兰	29770	8480	81200	89680	5426
新喀里多尼亚	537000	327000		327000	77305
尼加拉瓜	310856	189740	6950	196690	34706
尼日尔	190810	3500	30150	33650	2288
尼日利亚	1062336	221000	65200	286200	1893
挪　威	470671	377290	12152	389442	81703
阿　曼	26600	985		985	354
巴基斯坦	393300	52400	181370	233770	1321
巴勒斯坦	120	46	10	56	14
巴拿马	203300	147420	560	147980	43539
巴布亚新几内亚	1454104	801000		801000	121791
巴拉圭	459546	94000	242000	336000	53865
秘　鲁	2233700	1616000	297000	1913000	66339
菲律宾	648420	202819	...	202819	2245
波　兰	193100	54800	8300	63100	1656
葡萄牙	82164	38593	35000	73593	6893
波多黎各	18383	7100		7100	1791
卡塔尔	811	51	2	53	41
摩尔多瓦	16959	1300	11500	12800	3523
留尼汪	7500	5000		5000	6123
罗马尼亚	154000	39415	2878	42293	1980
俄罗斯联邦	7854684	4312700	194550	4507250	31877
卢旺达	31932	5200		5200	535
圣基茨和尼维斯	500	24		24	462
圣多美和普林西比	3100	2180		2180	13610
沙特阿拉伯	126800	2400		2400	95
塞内加尔	135048	26400	13000	39400	3227
塞尔维亚	56115	12776	162600	175376	17824
塞拉利昂	181215	160000		160000	28778

附录6－1　续表4

国家和地区	降水量（百万立方米）	国内径流量（百万立方米）	地表水与地下水的外部流入量（百万立方米）	可更新淡水资源总量（百万立方米）	人均可更新淡水量（立方米/人）
新加坡	1770	890		890	193
斯洛伐克	37352	13074	67252	80326	14876
斯洛文尼亚	31746	18596	13496	32092	15926
所罗门群岛	87509	44700		44700	87532
索马里	180075	6000	7500	13500	1512
南　非	524600	...	7273	31738	639
西班牙	346527	111133		111133	2498
斯里兰卡	112337	50000		50000	2492
苏　丹	1043670	30000	119000	149000	3604
苏里南	380582	88000	34000	122000	236836
斯威士兰	13678	2640	1870	4510	3862
瑞　典	313860	172710	11830	183360	19920
瑞　士	60100	40150	13100	53250	7061
叙利亚	46700	7000	39080	46080	2171
塔吉克斯坦	98900	66300	33430	99730	14589
泰　国	832435	210000	199944	409944	6083
马其顿	...	1378	6261	7639	3742
多　哥	72336	15000	3000	18000	2787
特立尼达和多巴哥	11300	3840		3840	2880
突尼斯	36000	4170	...	4170	410
土耳其	501000	227400	6900	234300	3170
土库曼斯坦	78731	1360	59500	60860	12067
乌干达	284500	39000	27000	66000	2085
乌克兰	340970	53100	86450	139550	3034
阿拉伯联合酋长国	6529	150		150	33
英　国	283699	172502	2841	175342	2864
坦桑尼亚	1012191	82000	9000	91000	2142
美　国	6440000	2460000	18000	2478000	7951
乌拉圭	222865	59000	80000	139000	41501
乌兹别克斯坦	92299	16340	55870	72210	2656
委内瑞拉	1710094	722451	510719	1233170	43853
越　南	604008	366500	524710	891210	10233
也　门	88329	4100		4100	179
赞比亚	767436	80200	25000	105200	8336
津巴布韦	270523	14100	5900	20000	1605

附录6－2　供　水

国家和地区	截止年份	淡水供应量（百万立方米）	人均淡水供应量（立方米/人）	供水受益率（%）	受益人口人均淡水供应量（立方米/人）	供生活用淡水（百万立方米）	供制造业用淡水（百万立方米）
阿尔及利亚	2007	5070	150	95	158	1800	50
安道尔	2007	...	...	100	...	...	...
亚美尼亚	2007	146	47	89	53	108	13
澳大利亚	2004	11337	563	95	592	3411	...
奥地利	2002	549	68	90	76	356	...
阿塞拜疆	2007	364	42	70	60	303	...
巴　林	2007	...	...	5	...	...	...
白俄罗斯	2007	777	80	...	...	576	...
比利时	2007	574	54	99	55	400	104
伯利兹	2006	6	22	59	37	...	...
百慕大	2007	3	51	10	510	2	
玻利维亚	2006	124	13	77	17	97	3
波　黑	2007	160	42	56	...	110	41
博茨瓦纳	2001	...	...	87	...	...	...
巴　西	2000	16060	92	80	...	...	...
英属维尔京群岛	2001	...	...	48	...	...	...
文　莱	2005	169	456	99	...	142	27
保加利亚	2007	402	53	99	53	277	48
加拿大	1996	5201	176	92	...	3272	1928
智　利	2007	965	58	100	58	698	221
中国香港	2006	963	139	100	139	322	...
中国澳门	2007	75	146	100	...	25	20
哥斯达黎加	2007	...	...	50	...	...	...
克罗地亚	2006	318	72	...	...	182	...
古　巴	2000	1685	152	96	...	...	...
塞浦路斯	2007	112	131	100	131	74	3
捷　克	2007	532	52	92	56	342	...
丹　麦	2004	371	69	97	...	242	...

资料来源：联合国统计司/环境规划署环境统计问卷，水部分。

经合组织/欧盟统计局国家环境问卷，水部分。

经合组织环境数据摘要，内陆水部分。

联合国经济社会局人口处，世界人口展望：2008 修订版，纽约，2009。

附录 6－2　　续表 1

国家和地区	截止年份	淡水供应量（百万立方米）	人均淡水供应量（立方米/人）	供水受益率（%）	受益人口人均淡水供应量（立方米/人）	供生活用淡水（百万立方米）	供制造业用淡水（百万立方米）
多米尼加	2002	9574	1051	...	...	1256	144
厄瓜多尔	2000	...	...	...	...	...	2330
埃　及	2007	5954	74	...	...	3240	...
爱沙尼亚	2004	66	49	77	...	...	...
埃塞俄比亚	2007	...	...	...	...	55	...
芬　兰	2001	408	79	90	87	245	...
法　国	2001	5685	96	99	96	3414	...
法国圭亚那	2004	11	55	...	...	11	...
冈比亚	2005	...	...	50	...	...	...
格鲁吉亚	2007	207	48	80	...	...	...
德　国	2004	4729	57	99	58	3752	350
希　腊	2007	626	56	94	60	395	...
瓜德卢普	2004	31	69	...	...	31	...
几内亚	2007	30	3	...	...	9	2
匈牙利	2006	513	51	94	54	370	30
冰　岛	2005	67	227	95	238	30	5
印　度	2000	...	...	...	...	4200	8000
爱尔兰	2007	609	140	85	165	...	...
以色列	2006	1959	288	...	...	737	114
意大利	1999	5653	99	100	99	4212	845
牙买加	2005	94	35	70	50	...	...
日　本	2001	85968	677	97	...	16279	...
约　旦	2004	...	...	...	...	281	38
哈萨克斯坦	2002	14930	1000	...	...	...	...
肯尼亚	2007	...	...	31	...	...	...
韩国	2003	22275	472	89	531	5597	...
吉尔吉斯斯坦	2007	6792	1270	...	...	...	...
拉脱维亚	2007	249	110	...	...		59
黎巴嫩	2005	...	...	76	...	...	...
立陶宛	2007	102	30	76	40	66	10
莱索托	2004	33	72	100	72	23	13
马达加斯加	2007	101	5	...	...	81	5
马尔代夫	2005	2	6	...	...	1	...
马　里	2002	...	...	66	...	...	...
马耳他	2007	31	76	100	76	11	1
马绍尔群岛	2006	...	...	...	...	...	...
马提尼克	2004	28	69	...	...	28	...

附录6－2　续表2

国家和地区	截止年份	淡水供应量（百万立方米）	人均淡水供应量（立方米/人）	供水受益率（%）	受益人口人均淡水供应量（立方米/人）	供生活用淡水（百万立方米）	供制造业用淡水（百万立方米）
毛里求斯	2007	201	158	99	...	201	...
墨西哥	2004	75430	724	90	804	10670	...
摩纳哥	2007	5	159	100	159	2	...
摩洛哥	2006	...	...	72	...	693	79
尼泊尔	2004	...	...	...	...	94	...
荷　兰	2006	1099	67	100	67	729	214
新西兰	2001	...	...	87	...	...	...
挪　威	2002	808	178	91	...	363	192
巴勒斯坦	2005	...	...	91	...	176	...
巴拿马	2007	...	...	88	...	...	...
秘　鲁	2001	660	...	...	...	295	9
菲律宾	2004	...	...	80	...	...	...
波　兰	2007	1573	41	87	48	1200	19
葡萄牙	2007	726	68	92	74	585	48
摩尔多瓦	2007	809	221	...	...	125	21
留尼汪岛	2004	83	107	...	...	83	...
罗马尼亚	2007	1089	51	49	103	603	...
塞尔维亚	2006	475	48	78	62	358	88
新加坡	2007	534	119	100	119	264	270
斯洛伐克	2007	322	60	87	69	166	...
斯洛文尼亚	2007	122	61	91	...	88	12
南　非	2000	...	...	68	...	3610	...
西班牙	2006	4173	96	...	...	2615	433
苏里南	2007	...	...	...	...	15	...
瑞　典	2007	737	80	85	94	478	102
瑞　士	2006	981	131	...	...	624	...
泰　国	2007	2301	34	...	...	...	...
马其顿	1998	203	102	94	...	75	31
特立尼达和多巴哥	2005	...	...	76	...	179	36
突尼斯	2005	1025	104	81	...	252	31
土耳其	2006	...	...	82	...	...	50
乌克兰	2004	1955	41	...	...	...	...
英　国	2005	6230	103	99	...	...	...
美　国	2000	...	...	85	...	...	...
也　门	2007	91	4	17	24	91	...
津巴布韦	2005	...	...	...	...	224	...

附录6－3 废 水

国家和地区	截止年份	废水收集系统受益人口比重（%）	废水处理厂受益人口比重（%）
阿尔及利亚	2007	87.0	48.0
安道尔	2007	100.0	98.0
阿根廷	2001	42.5	42.5
亚美尼亚	2006	83.1	34.2
澳大利亚	2004	87.0	…
奥地利	2006	92.0	92.0
阿塞拜疆	2007	50.0	30.0
巴 林	2007	88.0	88.0
白俄罗斯	2007	94.9	94.9
比利时	2007	86.0	60.0
伯利兹	2000	15.1	15.1
百慕大	2007	5.0	5.0
玻利维亚	2006	31.9	…
波 黑	1990	38.0	…
巴 西	2006	48.0	26.0
英属维尔京群岛	2001	24.5	24.5
保加利亚	2007	70.0	42.0
加拿大	1999	74.3	71.7
智 利	2007	95.2	82.2
中 国	2004	45.7	32.5
中国香港	2007	93.2	93.2
中国澳门	1996	99.9	…
哥斯达黎加	2000	24.8	2.4
克罗地亚	2007	43.4	28.5
古 巴	2005	38.8	…
塞浦路斯	2005	30.0	30.0
捷 克	2007	81.0	78.0
丹 麦	2002	87.9	87.9
多米尼加	2005	23.0	13.0
多米尼加共和国	2000	31.4	12.0
爱沙尼亚	2007	74.0	75.0
芬 兰	2002	81.0	81.0
法 国	2004	82.0	80.0
法属圭亚那	2004	46.9	44.0
德 国	2005	97.0	94.0
希 腊	2007	85.0	85.0
瓜德卢普	2004	39.3	38.9
几内亚	2007	10.0	10.0
匈牙利	2002	62.0	62.0
冰 岛	2005	90.0	57.0
印 尼	2005	…	2.8

资料来源：联合国统计司/环境规划署环境统计问卷，水部分。

经合组织/欧盟统计局国家环境问卷，水部分。

经合组织环境数据摘要，内陆水部分。

附录6-3　续表

国家和地区	截止年份	废水收集系统受益人口比重（%）	废水处理厂受益人口比重（%）
伊拉克	2005	25.7	25.7
爱尔兰	2005	95.0	84.0
以色列	1999	100.0	89.0
意大利	2005	94.0	69.0
日　本	2003	67.0	67.0
约　旦	2004	97.7	52.0
肯尼亚	2007	4.9	4.9
韩　国	2003	78.8	78.8
吉尔吉斯斯坦	2004	27.0	...
拉脱维亚	2007	71.0	67.0
黎巴嫩	2004	67.4	...
立陶宛	2007	62.0	70.0
卢森堡	2003	94.8	95.0
马达加斯加	2005	...	
马尔代夫	2005	100.0	...
马耳他	2007	100.0	13.0
马绍尔群岛	2007	43.3	
马提尼克	2004	48.2	48.2
毛里求斯	2007	25.0	25.0
墨西哥	2005	67.6	35.0
摩纳哥	2007	100.0	100.0
摩洛哥	2005	87.2	80.0
荷　兰	2006	99.0	99.0
新西兰	1999	80.0	80.0
挪　威	2007	83.0	78.0
巴勒斯坦	2006	45.3	...
巴拿马	2007	...	55.0
巴拉圭	2007	14.7	...
秘　鲁	2004	74.0	...
波　兰	2007	60.0	62.0
葡萄牙	2005	74.0	68.0
摩尔多瓦	2004	60.0	60.0
留尼汪	2004	39.4	35.9
罗马尼亚	2007	43.0	28.0
塞内加尔	2002	23.0	...
新加坡	2007	100.0	99.9
斯洛伐克	2007	58.0	57.0
斯洛文尼亚	2007	63.0	51.0
南　非	2007	60.0	57.0
西班牙	2007	100.0	100.0
瑞　典	2006	86.0	86.0
瑞　士	2005	97.0	97.0
叙利亚	1994	59.0	10.0
马其顿	2000	49.0	5.0
特立尼达和多巴哥	2007	25.2	25.2
突尼斯	2007	55.3	51.8
土耳其	2006	72.0	42.0
英　国	2002	97.7	97.5
美　国	1996	71.4	...
也　门	2007	31.9	3.3

附录 6 - 4　NO_x 排放量

国家和地区	截止年份	NO_x 排放量（千吨）	比 1990 年增减（%）	人均 NO_x 排放量（千克）
阿尔巴尼亚	1994	18.01	...	5.68
阿尔及利亚	1994	247.00	...	8.91
安道尔	1997	0.71	...	10.77
阿根廷	2000	675.79	31.13	18.29
亚美尼亚	1990	73.12	...	20.63
澳大利亚	2006	2484.58	37.73	120.45
奥地利	2006	225.16	17.02	27.22
阿塞拜疆	2002	49.10	...	5.96
巴　林	1994	57.46	...	102.32
巴巴多斯	1997	0.05	-97.90	0.20
白俄罗斯	2006	152.13	-54.74	15.57
比利时	2006	230.32	-48.18	21.99
伯利兹	1994	5.60	...	26.16
贝　宁	1995	54.26	...	9.48
不　丹	1994	0.72	...	1.40
玻利维亚	2000	77.13	55.77	9.27
巴　西	1994	2301.30	10.81	14.45
保加利亚	2006	159.04	-34.35	20.68
布基纳法索	1994	9.37	...	0.95
布隆迪	1998	12.44	...	1.97
柬埔寨	1994	37.97	...	3.43
喀麦隆	1994	252.22	...	18.42
佛得角	1995	0.80	...	2.01
中非共和国	1994	51.25	...	15.77
乍　得	1993	78.35	...	11.70
智　利	1994	196.35	...	13.85
哥伦比亚	1994	276.05	18.38	7.71
科摩罗	1994	0.47	...	0.97
刚　果	1994	17.21	...	6.32
哥斯达黎加	1996	27.90	-16.69	7.82
科特迪瓦	1994	157.80	...	10.88
克罗地亚	2006	69.42	-17.58	15.65

资料来源：联合国气候变化框架公约成果。
　　联合国统计司/联合国环境规划署 2004 年环境统计问卷，大气部分。
　　联合国经济社会局人口处，世界人口展望：2008 修订版，纽约，2009。

附录 6-4　续表 1

国家和地区	截止年份	NO_x 排放量（千吨）	比 1990 年增减（%）	人均 NO_x 排放量（千克）
古　巴	1996	101.54	-28.35	9.27
捷　克	2006	283.08	-61.84	27.69
刚果民主共和国	1994	301.96	...	6.95
丹　麦	2006	191.24	-30.28	35.21
吉布提	1994	2.29	...	3.74
多米尼加	1994	0.43	...	6.31
多米尼加共和国	1994	79.27	43.32	9.94
厄瓜多尔	1990	103.69	...	10.09
萨尔瓦多	1994	34.02	...	6.01
厄立特里亚	1994	0.30	...	0.09
爱沙尼亚	2006	51.57	-48.57	38.35
埃塞俄比亚	1995	166.00	3.75	2.91
斐　济	1994	4.80	...	6.33
芬　兰	2006	192.97	-34.61	36.67
法　国	2006	1392.26	-25.08	22.69
加　蓬	1994	3839.04	...	3646.61
冈比亚	1993	2.78	...	2.77
格鲁吉亚	2002	19.00	-83.98	4.11
德　国	2006	1394.31	-51.28	16.92
希　腊	2006	315.62	12.61	28.47
危地马拉	1990	43.79	...	4.91
几内亚	1994	70.42	...	9.74
几内亚比绍	1994	4.88	...	4.29
圭亚那	1998	19.00	280.00	25.09
海　地	1994	7.74	...	1.00
洪都拉斯	1995	64.07	...	11.47
匈牙利	2006	202.49	61.20	20.14
冰　岛	2006	32.48	2.88	107.77
印度尼西亚	1994	928.33	670.40	4.92
伊　朗	1994	1203.09	...	19.65
爱尔兰	2006	119.00	-4.37	27.86
以色列	2005	204.81	...	30.61
意大利	2006	1061.60	-45.36	18.00
牙买加	1994	30.90	...	12.64
日　本	2006	1943.63	-4.71	15.25
约　旦	1994	74.65	...	18.13
哈萨克斯坦	2002	176.10	...	11.80
肯尼亚	1994	49.98	...	1.87
基里巴斯	1994	...	...	...

附录6－4　续表2

国家和地区	截止年份	NO_x 排放量（千吨）	比1990年增减（%）	人均 NO_x 排放量（千克）
朝　鲜	1990	431.98	...	21.45
韩　国	1990	850.60	...	19.79
吉尔吉斯斯坦	2000	75.57	-43.54	15.25
老　挝	1990	11.48	...	2.73
拉脱维亚	2006	43.83	-34.53	19.23
黎巴嫩	1994	54.17	...	15.97
莱索托	1998	5.05	...	2.77
立陶宛	2006	61.29	-55.00	18.09
卢森堡	2006	0.42	-97.01	0.89
马达加斯加	1994	30.59	...	2.40
马拉维	1994	26.31	-8.99	2.64
马　里	1995	22.93	...	2.40
马耳他	2000	10.22	3.54	26.27
毛里塔尼亚	1995	6.87	...	3.03
毛里求斯	2002	14.50	...	11.89
墨西哥	2002	1444.41	16.30	14.15
密克罗尼西亚联邦	1994	2.25	...	21.30
摩纳哥	2006	0.31	-31.64	9.51
蒙　古	1998	2.98	29.57	1.28
摩洛哥	1994	152.00	...	5.73
莫桑比克	1994	93.81	22.08	6.09
纳米比亚	1994	0.08	...	0.05
荷　兰	2006	316.51	-41.89	19.31
新西兰	2006	167.52	56.08	40.33
尼加拉瓜	1994	37.15	...	8.15
尼日利亚	1994	474.94	...	4.41
纽埃岛	1994	26.30	...	12215.70
挪　威	2006	190.75	-8.16	40.79
巴基斯坦	1994	410.26	...	3.22
帕　劳	1994	0.18	...	10.89
巴拿马	2002	39.42	...	12.87
巴拉圭	1994	6919.57	6184.81	1474.86
秘　鲁	1994	181.66	...	7.72
菲律宾	1994	345.23	...	5.04
波　兰	2006	879.48	-31.29	23.05
葡萄牙	2006	249.93	1.40	23.58
摩尔多瓦	1998	39.58	-71.40	9.38
罗马尼亚	2006	347.84	-24.68	16.15
俄罗斯联邦	2006	4808.03	-47.60	33.73

附录6－4　续表3

国家和地区	截止年份	NO_x 排放量（千吨）	比1990年增减（%）	人均 NO_x 排放量（千克）
卢旺达	2002	0.55	...	0.06
圣卢西亚	1994	1.41	...	9.72
萨摩亚	1994	0.97	...	5.82
圣多美和普林西	1998	1.02	...	7.57
塞内加尔	1995	8.84	...	1.02
塞舌尔	1995	0.59	...	7.79
斯洛伐克	2006	86.58	-61.00	16.06
斯洛文尼亚	2006	46.85	-19.22	23.36
西班牙	2006	1466.08	19.06	33.64
斯里兰卡	1995	62.00	...	3.40
圣文森特和格林纳丁斯	1997	27.87	-3.20	258.18
苏　丹	1995	96.00	...	3.11
苏里南	2003	10.00	...	20.52
斯威士兰	1994	19.93	...	21.01
瑞　典	2006	174.61	-44.34	19.16
瑞　士	2006	83.79	-48.40	11.20
塔吉克斯坦	1998	9.20	-86.91	1.53
泰　国	1994	286.65	...	4.81
多　哥	1998	19.80	...	4.03
汤　加	1994	0.49	...	5.05
特立尼达和多巴哥	1990	37.20	...	30.52
突尼斯	1994	72.62	...	8.24
土耳其	2006	1120.26	72.37	15.54
土库曼斯坦	1994	83.81	...	20.46
图瓦卢	1994	0.00	...	0.00
乌干达	1994	1200.64	...	59.16
乌克兰	2006	928.56	-57.42	19.92
阿拉伯联合酋长国	1994	163.00	...	70.87
英　国	2006	1594.65	-46.26	26.33
坦桑尼亚	1994	979.07	524.88	33.67
美　国	2006	15159.55	-30.13	49.59
乌拉圭	2000	45.20	48.77	13.61
乌兹别克斯坦	1994	242.00	-29.24	10.77
瓦努阿图	1994	0.08	...	0.50
委内瑞拉	1999	395.79	...	16.53
越　南	1994	223.99	...	3.13
也　门	1995	89.06	...	5.74
赞比亚	1994	1197.85	...	135.28
津巴布韦	1994	77.40	...	6.73

附录6－5 SO_2 排放量

国家和地区	截止年份	SO_2 排放量（千吨）	比1990年增减（%）	人均 SO_2 排放量（千克）
阿尔及利亚	1994	39.69	…	1.43
安道尔	1997	0.69	…	10.51
安提瓜和巴布达	1990	2.83	…	45.70
阿根廷	1997	24.00	50.00	0.67
澳大利亚	2006	904.55	－43.26	43.85
奥地利	2006	28.46	－61.71	3.44
阿塞拜疆	1994	48.00	－18.64	6.25
巴巴多斯	1997	0.05	…	0.20
白俄罗斯	2006	169.74	－84.29	17.37
比利时	2006	112.09	－64.86	10.70
伯利兹	1994	0.53	…	2.48
贝　宁	1995	0.17	…	0.03
不　丹	1994	0.05	…	0.10
玻利维亚	2000	12.11	8.51	1.46
保加利亚	2006	1029.90	－32.12	133.93
柬埔寨	1994	25.69	…	2.32
喀麦隆	1994	2.53	…	0.18
智　利	1994	1968.10	…	138.83
哥伦比亚	1994	170.27	20.09	4.76
科摩罗	1994	0.36	…	0.74
哥斯达黎加	1996	2.10	…	0.59
克罗地亚	2006	67.20	－61.90	15.15
古　巴	1996	432.38	－0.10	39.47
捷　克	2006	211.23	－88.74	20.66
刚果民主共和国	1994	0.12	51.22	0.00
丹　麦	2006	25.05	－85.90	4.61
多米尼加	1994	0.15	…	2.24
多米尼加共和国	1994	116.34	50.97	14.59
爱沙尼亚	2006	123.53	－51.92	91.87
埃塞俄比亚	1995	13.20	18.92	0.23

资料来源：联合国气候变化框架公约成果。

联合国统计司/联合国环境规划署2004年环境统计问卷，大气部分。

联合国经济社会局人口处，世界人口展望：2008修订版，纽约，2009。

附录 6－5　续表 1

国家和地区	截止年份	SO_2 排放量（千吨）	比 1990 年增减（%）	人均 SO_2 排放量（千克）
芬　兰	2006	84.06	-66.21	15.97
法　国	2006	514.36	-62.59	8.38
加　蓬	1994	1.00	...	0.95
格鲁吉亚	2002	5.21	-97.91	1.12
德　国	2006	558.37	-89.57	6.78
希　腊	2006	535.62	13.57	48.31
危地马拉	1990	74.50	...	8.36
几内亚	1994	0.44	...	0.06
海　地	1994	9.45	...	1.23
洪都拉斯	1995	0.30	...	0.05
匈牙利	2006	123.11	-71.70	12.24
冰　岛	2006	43.79	118.49	145.28
伊　朗	1994	29.13	...	0.48
爱尔兰	2006	59.63	-67.35	13.96
以色列	2000	320.17	...	52.62
意大利	2006	388.74	-78.34	6.59
牙买加	1994	99.70	...	40.79
日　本	2006	839.55	-17.10	6.59
吉尔吉斯斯坦	2002	1132.20	-23.68	75.85
韩　国	1990	4170.00	...	207.02
吉尔吉斯斯坦	2000	31.79	-71.92	6.42
拉脱维亚	2006	3.25	-96.79	1.43
黎巴嫩	1994	82.99	...	24.46
莱索托	1998		...	...
立陶宛	2006	41.62	-80.56	12.28
卢森堡	2006	0.04	-99.72	0.09
马达加斯加	1994	34.65	...	2.72
马　里	1995	...	...	...
马耳他	2000	26.48	41.37	68.09
毛利塔尼亚	1995	0.19	...	0.08
毛里求斯	2002	30.60	...	25.10
密克罗尼西亚联邦	1994	0.53	...	4.97
摩纳哥	2006	0.05	-33.97	1.50
摩洛哥	1994	295.00	...	11.11
荷　兰	2006	64.43	-66.09	3.93
新西兰	2006	81.27	49.78	19.57
尼加拉瓜	1994	4.59	...	1.01

附录 6－5　续表 2

国家和地区	截止年份	SO_2 排放量（千吨）	比 1990 年增减（%）	人均 SO_2 排放量（千克）
纽埃岛	1994	2211.18	...	1027022.76
挪　威	2006	20.94	-60.03	4.48
巴基斯坦	1994	775.46	...	6.09
巴拿马	1994	1.85	...	0.71
巴拉圭	1994	0.28	-6.61	0.06
秘　鲁	1994	123.26	...	5.24
菲律宾	1994	458.53	...	6.70
波　兰	2006	1202.89	-62.53	31.52
葡萄牙	2006	190.82	-40.36	18.01
摩尔多瓦	1998	31.83	-88.04	7.55
罗马尼亚	2006	497.23	-29.71	23.08
俄罗斯联邦	2006	619.74	-23.68	4.35
圣卢西亚	1994	0.61	...	4.18
斯洛伐克	2006	87.75	-83.32	16.28
斯洛文尼亚	2006	17.92	-92.90	8.94
西班牙	2006	1169.66	-46.07	26.84
斯里兰卡	1995	43.00	...	2.36
圣文森特和格林纳丁斯	1997	0.32	26.77	2.98
苏　丹	1995	1.00	...	0.03
斯威士兰	1994	1.97	...	2.08
瑞　典	2006	39.28	-63.67	4.31
瑞　士	2006	17.60	-58.16	2.35
塔吉克斯坦	1998	2.90	-91.64	0.48
多　哥	1995	0.13	...	0.03
特立尼达和多巴哥	1996	8.60	-1.67	6.76
突尼斯	1994	77.86	...	8.84
土耳其	2006	974.27	16.65	13.52
土库曼斯坦	1994	22.89	...	5.59
乌克兰	2006	1601.45	-69.78	34.36
英　国	2006	675.63	-81.82	11.15
坦桑尼亚	1994	175.74	8.40	6.04
美　国	2006	12257.93	-41.45	40.10
乌拉圭	1998	54.48	28.77	16.55
乌兹别克斯坦	1994	276.00	-51.49	12.28
越　南	1994	1911.10	...	26.66
也　门	1995	7.69	...	0.50
赞比亚	1994	6.42	...	0.72

附录 6－6　CO_2 排放量

国家和地区	CO_2 排放量（百万吨）	比 1990 年增减（%）	人均 CO_2 排放量（吨/人）	每平方公里 CO_2 排放量（吨/平方公里）
阿富汗	0.70	-73.96	0.03	1.07
阿尔巴尼亚	4.30	-42.55	1.36	149.61
阿尔及利亚	132.72	68.23	3.98	55.72
安哥拉	10.58	138.93	0.64	8.49
安圭拉	0.05	...	4.12	560.44
安提瓜和巴布达	0.43	41.37	5.06	961.54
阿根廷	173.54	54.11	4.43	62.41
亚美尼亚	4.37	...	1.45	146.96
阿鲁巴	2.31	25.48	22.26	12833.33
澳大利亚	390.44	40.54	19.00	50.76
奥地利	77.28	24.48	9.30	921.45
阿塞拜疆	35.05	...	4.17	404.73
巴哈马	2.14	9.58	6.53	153.34
巴　林	21.29	79.17	28.82	28389.33
孟加拉国	41.61	167.96	0.27	288.96
巴巴多斯	1.34	24.58	4.57	3111.63
白俄罗斯	59.20	-41.93	6.10	285.18
比利时	119.11	0.24	11.40	3901.57
伯利兹	0.82	162.49	2.90	35.62
贝　宁	3.11	334.87	0.36	27.61
百慕大	0.57	-5.52	8.77	10462.96
不　丹	0.38	196.91	0.59	9.92
玻利维亚	11.40	107.18	1.22	10.38
波　黑	27.44	...	6.99	535.80
博茨瓦纳	4.77	119.71	2.57	8.20
巴　西	352.52	68.77	1.86	41.40
英属维尔京群岛	0.10	107.71	4.44	655.63
文　莱	5.91	-7.93	15.47	1025.33
保加利亚	55.07	-36.17	7.20	496.64
布基纳法索	0.79	34.24	0.05	2.87

资料来源：联合国统计司千年发展目标数据库。
联合国统计司人口统计年鉴。

附录6－6　续表1

国家和地区	CO_2 排放量（百万吨）	比1990年增减（%）	人均 CO_2 排放量（吨/人）	每平方公里 CO_2 排放量（吨/平方公里）
布隆迪	0.20	－34.87	0.02	7.11
柬埔寨	4.07	803.42	0.29	22.50
喀麦隆	3.65	109.72	0.20	7.67
加拿大	560.39	22.89	17.20	56.12
佛得角	0.31	250.04	0.59	76.37
开曼群岛	0.52	104.35	11.13	1958.33
中非共和国	0.25	25.77	0.06	0.40
乍　得	0.40	169.39	0.04	0.31
智　利	60.10	69.36	3.65	79.49
中　国	6103.49	152.76	4.62	635.98
中国香港	39.04	41.13	5.47	35361.41
中国澳门	2.24	116.34	4.68	77137.93
哥伦比亚	63.42	10.61	1.39	55.55
科摩罗	0.09	14.29	0.11	39.37
刚　果	1.46	23.15	0.40	4.28
库克群岛	0.07	200.03	4.84	279.66
哥斯达黎加	7.85	165.79	1.79	153.70
科特迪瓦	6.88	18.72	0.36	21.34
克罗地亚	23.70	－1.54	5.20	418.75
古　巴	29.63	－11.13	2.63	269.62
塞浦路斯	7.79	67.38	9.21	841.85
捷　克	127.92	－21.94	12.60	1621.95
刚果民主共和国	2.20	－45.95	0.04	0.94
丹　麦	58.93	9.14	10.60	1367.36
吉布提	0.49	22.00	0.60	21.03
多米尼加	0.12	99.45	1.74	155.79
多米尼加共和国	20.36	112.72	2.12	418.26
厄瓜多尔	31.33	86.10	2.37	122.20
埃　及	166.80	119.65	2.25	166.47
萨尔瓦多	6.46	146.82	0.96	307.07
赤道几内亚	4.36	3500.00	8.79	155.29
厄立特里亚	0.55	…	0.12	4.71
爱沙尼亚	15.97	－56.07	11.90	353.15
埃塞俄比亚	6.01	99.01	0.07	5.44
法罗群岛	0.68	8.83	13.97	486.72
福克兰群岛（马尔维纳斯群岛）	0.05	39.11	17.18	4.19
斐　济	1.61	96.82	1.93	88.11

附录 6-6　续表 2

国家和地区	CO_2 排放量（百万吨）	比 1990 年增减（%）	人均 CO_2 排放量（吨/人）	每平方公里 CO_2 排放量（吨/平方公里）
芬　兰	68.10	20.08	12.90	201.22
法　国	408.69	3.31	6.70	741.04
法属圭亚那	0.88	7.62	4.44	9.73
法属波利尼西亚	0.82	30.11	3.17	205.25
加　蓬	2.06	-66.21	1.57	7.68
冈比亚	0.33	75.19	0.20	29.57
格鲁吉亚	5.52	...	1.24	79.17
德　国	880.25	-14.72	10.70	2464.91
加　纳	9.24	135.05	0.40	38.74
直布罗陀	0.39	305.26	13.16	64166.67
希　腊	109.67	33.05	9.90	831.07
格陵兰	0.57	1.44	9.77	0.26
格林纳达	0.24	100.02	2.29	703.49
瓜德鲁普	2.14	65.46	4.85	1255.72
危地马拉	11.77	131.34	0.90	108.05
几内亚	1.36	28.79	0.15	5.53
几内亚比绍	0.28	10.28	0.17	7.72
圭亚那	1.51	32.19	2.04	7.01
海　地	1.81	82.27	0.19	65.26
洪都拉斯	7.19	177.54	1.03	63.95
匈牙利	60.39	-17.65	6.00	649.15
冰　岛	3.04	40.51	10.20	29.47
印　度	1510.35	118.70	1.31	459.46
印度尼西亚	333.48	121.66	1.46	179.26
伊　朗	466.98	105.57	6.65	286.71
伊拉克	92.57	76.16	3.25	211.20
爱尔兰	47.32	45.40	11.20	673.37
以色列	70.44	110.07	10.34	3191.37
意大利	488.04	12.25	8.30	1619.58
牙买加	12.15	52.57	4.50	1105.59
日　本	1273.60	11.31	10.00	3369.92
约　旦	20.72	99.23	3.62	231.96
哈萨克斯坦	193.51	...	12.64	71.01
肯尼亚	12.15	108.67	0.33	20.94
基里巴斯	0.03	31.83	0.31	39.94
朝　鲜	84.80	-65.36	3.58	703.50
韩　国	475.25	96.68	9.89	4767.83

附录6－6　续表3

国家和地区	CO_2 排放量（百万吨）	比1990年增减（%）	人均 CO_2 排放量（吨/人）	每平方公里 CO_2 排放量（吨/平方公里）
科威特	86.60	112.51	31.17	4860.20
吉尔吉斯斯坦	5.57	...	1.06	27.84
老　挝	1.43	506.81	0.25	6.02
拉脱维亚	8.26	-56.88	3.60	127.94
黎巴嫩	15.33	68.52	3.78	1466.70
利比里亚	0.79	62.19	0.22	7.05
利比亚	55.50	37.65	9.19	31.54
列支敦士登	0.24	19.21	6.90	1512.50
立陶宛	14.52	-59.84	4.30	222.42
卢森堡	12.11	-0.91	26.20	4682.13
马达加斯加	2.83	187.42	0.15	4.83
马拉维	1.05	71.41	0.08	8.85
马来西亚	187.87	231.99	7.19	567.91
马尔代夫	0.87	464.35	2.89	2896.67
马　里	0.57	34.72	0.05	0.46
马耳他	2.55	12.79	6.30	8063.29
马提尼克	0.09	91.67	1.58	508.29
毛里塔尼亚	1.87	-9.57	4.71	1696.91
毛里求斯	1.67	-37.55	0.55	1.62
墨西哥	3.85	163.19	3.08	1887.25
摩纳哥	436.15	13.39	4.14	222.03
蒙　古	0.09	-14.50	2.70	45000.00
黑　山	9.44	-6.02	3.63	6.04
蒙特塞拉特	0.07	112.14	12.03	686.27
摩洛哥	45.32	92.51	1.47	101.48
莫桑比克	2.04	103.70	0.10	2.54
缅　甸	10.03	134.50	0.21	14.82
纳米比亚	2.83	38508.62	1.38	3.44
瑙　鲁	0.14	8.34	14.12	6809.52
尼泊尔	3.24	411.20	0.12	22.02
荷　兰	172.22	8.07	10.50	4610.42
荷属安的列斯	4.31	-30.62	22.83	5390.00
新喀里多尼亚	2.94	81.10	12.36	158.33
新西兰	36.39	43.36	8.80	134.54
尼加拉瓜	4.33	63.92	0.78	33.24
尼日尔	0.94	-11.12	0.07	0.74

附录6－6　续表4

国家和地区	CO_2 排放量（百万吨）	比1990年增减（%）	人均 CO_2 排放量（吨/人）	每平方公里 CO_2 排放量（吨/平方公里）
尼日利亚	97.26	114.37	0.67	105.29
纽　埃	...	9.10	2.30	15.38
挪　威	43.26	24.40	9.30	133.60
阿　曼	41.38	299.75	16.25	133.69
巴基斯坦	142.66	108.08	0.89	179.20
帕　劳	0.12	-50.14	5.80	254.90
巴勒斯坦	2.99	...	0.77	495.85
巴拿马	6.43	105.04	1.96	85.12
巴布亚新几内亚	4.62	115.79	0.75	9.98
巴拉圭	3.99	76.21	0.66	9.80
秘　鲁	38.64	82.59	1.40	30.07
菲律宾	68.33	53.45	0.79	227.76
波　兰	330.52	-10.35	8.70	1057.05
葡萄牙	63.99	47.30	6.00	694.90
卡塔尔	46.19	292.33	56.24	3986.97
摩尔多瓦	7.82	...	2.04	231.08
留尼汪	2.52	73.76	3.17	1005.18
罗马尼亚	111.01	-35.46	5.20	465.67
俄罗斯联邦	1577.69	-36.82	11.00	92.27
卢旺达	0.80	16.72	0.08	30.22
圣赫勒拿	0.01	50.02	1.70	35.71
圣基茨和尼维斯	0.14	106.08	2.73	521.07
圣卢西亚	0.38	130.91	2.34	706.86
圣皮埃尔岛和密克隆	0.07	-27.99	10.39	272.73
萨摩亚	0.16	26.75	0.85	55.81
圣多美和普林西比	0.10	56.08	0.66	106.85
沙特阿拉伯	381.56	77.44	15.78	177.50
塞内加尔	4.26	33.87	0.35	21.66
塞尔维亚	53.27	...	5.10	521.33
塞舌尔	0.74	554.61	8.64	1635.16
塞拉利昂	0.99	155.53	0.17	13.86
新加坡	56.22	19.77	12.83	79729.12
斯洛伐克	39.98	-35.34	7.40	815.42
斯洛文尼亚	16.88	14.42	8.40	832.54
所罗门群岛	0.18	11.58	0.37	6.23
索马里	0.17	838.28	0.02	0.27

附录6－6　续表5

国家和地区	CO_2 排放量（百万吨）	比1990年增减（%）	人均 CO_2 排放量（吨/人）	每平方公里 CO_2 排放量（吨/平方公里）
南　非	414.65	24.32	8.59	340.13
西班牙	359.63	57.38	8.20	710.74
斯里兰卡	11.88	214.76	0.62	181.01
圣文森特和格林纳丁斯	0.20	145.48	1.65	509.00
苏　丹	10.81	94.51	0.29	4.32
苏里南	2.44	34.61	5.36	14.88
斯威士兰	1.02	138.90	0.90	58.51
瑞　典	51.52	-8.50	5.70	116.72
瑞　士	45.56	2.25	6.10	1103.79
叙利亚	68.46	82.81	3.53	369.69
塔吉克斯坦	6.39	...	0.96	44.66
泰　国	272.52	184.39	4.30	531.11
马其顿	10.88	...	5.34	422.94
东帝汶	0.18	...	0.16	11.83
多　哥	1.22	57.75	0.19	21.50
汤　加	0.13	71.45	1.32	176.71
特立尼达和多巴哥	33.60	98.14	25.29	6549.90
突尼斯	23.13	74.33	2.26	141.35
土耳其	273.71	96.07	3.70	349.31
土库曼斯坦	44.10	...	9.00	90.36
乌干达	2.71	230.81	0.09	11.23
乌克兰	344.53	-51.79	7.40	570.88
阿拉伯联合酋长国	139.55	154.62	32.85	1669.29
英　国	557.86	-5.55	9.20	2296.64
坦桑尼亚	5.37	126.48	0.14	5.68
美　国	5975.10	18.05	19.70	620.53
乌拉圭	6.86	71.90	2.06	38.95
乌兹别克斯坦	115.67	...	4.29	258.54
瓦努阿图	0.09	31.43	0.42	7.55
委内瑞拉	171.59	40.48	6.31	188.14
越　南	106.13	395.80	1.23	320.44
瓦利斯群岛和富图纳群岛	0.03	...	1.94	204.23
西撒哈拉	0.24	20.21	0.52	0.89
也　门	21.20	120.97	0.98	40.16
赞比亚	2.47	1.02	0.21	3.28
津巴布韦	11.08	-33.48	0.84	28.36

附录6－7　温室气体排放量

国家和地区	截止年份	温室气体排放总量（百万吨二氧化碳当量）	比1990年增减（%）	人均温室气体排放量（吨二氧化碳当量/人）
阿尔巴尼亚	1994	5.53	－22.48	1.74
阿尔及利亚	1994	91.76	...	3.31
安提瓜和巴布达	1990	0.39	...	6.30
阿根廷	2000	282.00	22.05	7.63
亚美尼亚	1990	25.31	...	7.14
澳大利亚	2006	536.07	28.81	25.99
奥地利	2006	91.09	15.05	11.01
阿塞拜疆	1994	43.17	－28.98	5.62
巴哈马	1994	2.20	14.88	7.97
巴　林	1994	19.60	...	34.90
孟加拉国	1994	45.93	...	0.37
巴巴多斯	1997	4.06	24.77	15.90
白俄罗斯	2006	81.00	－36.40	8.29
比利时	2006	136.97	－5.23	13.08
伯利兹	1994	6.34	...	29.63
贝　宁	1995	39.35	...	6.88
不　丹	1994	1.29	...	2.51
玻利维亚	2000	21.46	40.12	2.58
博茨瓦纳	1994	9.29	...	6.15
巴　西	1994	658.65	11.07	4.14
保加利亚	2006	71.34	－38.87	9.28
布基纳法索	1994	5.97	...	0.61
布隆迪	1998	2.00	...	0.32
柬埔寨	1994	12.76	...	1.15
喀麦隆	1994	165.73	...	12.11
加拿大	2006	720.63	21.67	22.09
佛得角	1995	0.29	...	0.73
中非共和国	1994	37.74	...	11.61
乍　得	1993	8.02	...	1.20

资料来源：联合国气候变化框架公约成果。

联合国经济社会局人口处，世界人口展望：2008修订版，纽约，2009。

附录 6－7　　续表 1

国家和地区	截止年份	温室气体排放总量（百万吨二氧化碳当量）	比 1990 年增减（%）	人均温室气体排放量（吨二氧化碳当量/人）
智　利	1994	54.89	...	3.87
中　国	1994	4057.62	...	3.39
哥伦比亚	1994	137.49	22.90	3.84
科摩罗	1994	0.52	...	1.08
刚　果	1994	1.38	...	0.51
库克群岛	1994	0.08	...	4.33
哥斯达黎加	1996	10.79	76.94	3.03
科特迪瓦	1994	24.73	...	1.71
克罗地亚	2006	30.83	－5.21	6.95
古　巴	1996	40.19	－36.76	3.67
捷　克	2006	148.20	－23.70	14.49
刚果民主共和国	1994	44.64	...	1.03
丹　麦	2006	71.91	2.23	13.24
吉布提	1994	0.51	...	0.84
多米尼加	1994	0.15	－98.81	2.18
多米尼加共和国	1994	20.44	61.71	2.56
厄瓜多尔	1990	30.77	...	2.99
埃　及	1990	116.74	...	2.02
萨尔瓦多	1994	11.72	...	2.07
厄立特里亚	2000	0.76	...	0.21
爱沙尼亚	2006	18.88	－54.62	14.04
埃塞俄比亚	1995	47.74	10.98	0.84
斐　济	1994	1.39	...	1.83
芬　兰	2006	80.29	13.17	15.26
法　国	2006	546.53	－3.51	8.90
加　蓬	1994	6.52	...	6.19
冈比亚	1993	4.26	...	4.24
格鲁吉亚	1997	12.89	－71.57	2.62
德　国	2006	1004.79	－18.16	12.20
加　纳	1996	13.14	17.76	0.74
希　腊	2006	133.11	27.26	12.01
格林纳达	1994	1.61	...	16.21
危地马拉	1990	14.74	...	1.65
几内亚	1994	5.06	...	0.70
几内亚比绍	1994	1.69	...	1.49
圭亚那	1998	3.07	40.83	4.05

附录6－7 续表2

国家和地区	截止年份	温室气体排放总量（百万吨二氧化碳当量）	比1990年增减（%）	人均温室气体排放量（吨二氧化碳当量/人）
海　地	1994	5.13	...	0.67
洪都拉斯	1995	10.83	...	1.94
匈牙利	2006	78.62	－19.96	7.82
冰　岛	2006	4.23	24.22	14.05
印　度	1994	1214.25	...	1.30
印度尼西亚	1994	334.19	25.25	1.77
伊　朗	1994	385.43	...	6.30
爱尔兰	2006	69.76	25.64	16.33
以色列	2005	73.41	...	10.97
意大利	2006	567.92	9.87	9.63
牙买加	1994	116.31	...	47.58
日　本	2006	1340.08	5.34	10.51
约　旦	1994	21.94	...	5.33
哈萨克斯坦	2004	210.21	－34.74	13.93
肯尼亚	1994	21.47	...	0.80
基里巴斯	1994	0.03	...	0.39
朝　鲜	1990	201.93	...	10.02
韩　国	2001	542.89	87.55	11.62
吉尔吉斯斯坦	2000	15.05	－58.34	3.04
老　挝	1990	6.87	...	1.63
拉脱维亚	2006	11.62	－56.07	5.10
黎巴嫩	1994	15.70	...	4.63
莱索托	1994	1.82	...	1.07
列支敦士登	2006	0.27	18.96	7.79
立陶宛	2006	23.22	－52.96	6.85
卢森堡	2006	13.32	1.03	28.37
马达加斯加	1994	21.93	...	1.72
马拉维	1994	7.07	－12.06	0.71
马来西亚	1994	136.68	...	6.81
马尔代夫	1994	0.15	...	0.62
马　里	1995	8.67	...	0.91
马耳他	2000	2.85	28.38	7.33
毛里塔尼亚	1995	4.33	...	1.91
毛里求斯	1995	2.06	...	1.83
墨西哥	2002	548.50	29.19	5.38
密克罗尼西亚联邦	1994	0.25	...	2.36

附录6－7　　续表3

国家和地区	截止年份	温室气体排放总量（百万吨二氧化碳当量）	比1990年增减（%）	人均温室气体排放量（吨二氧化碳当量/人）
摩纳哥	2006	0.09	-12.98	2.88
蒙　古	1998	15.90	-17.70	6.82
摩洛哥	1994	44.37	…	1.67
莫桑比克	1994	8.19	20.80	0.53
纳米比亚	1994	5.60	…	3.54
瑙　鲁	1994	0.04	…	4.06
尼泊尔	1994	31.19	…	1.48
荷　兰	2006	207.48	-1.97	12.66
新西兰	2006	77.87	25.70	18.75
尼加拉瓜	1994	7.65	…	1.68
尼日尔	1990	4.86	…	0.61
尼日利亚	1994	242.63	…	2.25
纽　埃	1994	4.42	…	2052.95
挪　威	2006	53.51	7.67	11.44
巴基斯坦	1994	160.60	…	1.26
帕　劳	2000	0.09	…	4.67
巴拿马	1994	10.69	…	4.08
巴布亚新几内亚	1994	5.01	…	1.09
巴拉圭	1994	140.46	149.93	29.94
秘　鲁	1994	57.58	…	2.45
菲律宾	1994	100.87	…	1.47
波　兰	2006	400.46	-11.71	10.49
葡萄牙	2006	82.74	39.98	7.81
摩尔多瓦	1998	10.51	-68.41	2.49
罗马尼亚	2006	156.68	-36.75	7.27
俄罗斯联邦	2006	2190.24	-34.16	15.37
卢旺达	2002	2.38	…	0.28
圣基茨和尼维斯	1994	0.16	…	3.77
圣卢西亚	1994	0.89	…	6.12
萨摩亚	1994	0.56	…	3.36
圣多美和普林西	1998	0.12	…	0.89
沙特阿拉伯	1990	165.27	…	10.16
塞内加尔	1995	9.57	…	1.11
塞舌尔	1995	0.26	…	3.43
新加坡	1994	26.86	…	7.96
斯洛伐克	2006	48.90	-33.63	9.07

附录6－7　续表4

国家和地区	截止年份	温室气体排放总量（百万吨二氧化碳当量）	比1990年增减（%）	人均温室气体排放量（吨二氧化碳当量/人）
斯洛文尼亚	2006	20.59	10.84	10.27
所罗门群岛	1994	0.29	...	0.82
南　非	1994	379.84	9.35	9.38
西班牙	2006	433.34	50.63	9.94
斯里兰卡	1995	29.13	...	1.60
圣文森特和格林纳丁斯	1997	0.41	4.59	3.80
苏　丹	1995	54.24	...	1.76
苏里南	2003	3.34	...	6.85
斯威士兰	1994	2.64	...	2.78
瑞　典	2006	65.75	－8.74	7.21
瑞　士	2006	53.21	0.73	7.11
塔吉克斯坦	1998	4.29	－81.88	0.71
泰　国	1994	223.98	...	3.76
马其顿	1998	15.07	－2.37	7.56
多　哥	1998	6.28	...	1.28
汤　加	1994	0.23	...	2.37
特立尼达和多巴哥	1990	16.01	...	13.14
突尼斯	1994	25.14	...	2.85
土耳其	2006	331.76	95.09	4.60
土库曼斯坦	1994	52.31	...	12.77
图瓦卢	1994	0.01	...	1.09
乌干达	1994	41.55	...	2.05
乌克兰	2006	443.18	－51.93	9.51
阿拉伯联合酋长国	1994	130.44	...	56.71
英　国	2006	655.79	－15.05	10.83
坦桑尼亚	1994	39.24	0.64	1.35
美　国	2006	7017.32	14.38	22.96
乌拉圭	2000	29.73	7.51	8.95
乌兹别克斯坦	1994	153.89	－5.68	6.85
瓦努阿图	1994	0.30	...	1.79
委内瑞拉	1999	192.19	...	8.03
越　南	1994	84.45	...	1.18
也　门	1995	17.87	...	1.15
赞比亚	1994	32.77	...	3.70
津巴布韦	1994	27.59	...	2.40

附录6－8 消耗臭氧层物质

国家和地区	氟氯化碳消耗臭氧量			全部消耗臭氧层物质消耗臭氧量		
	消耗臭氧潜力基数	2007年消耗臭氧潜力	比基数减少（%）	2002年消耗臭氧潜力	2007年消耗臭氧潜力	比2002年减少（%）
阿富汗	380.0	55.2	85.5	181.5	61.3	66.2
阿尔巴尼亚	40.8	4.1	90.0	50.5	6.6	86.9
阿尔及利亚	2119.5	200.0	90.6	1966.1	281.7	85.7
安哥拉	114.8	17.0	85.2	110.0	17.0	84.5
安提瓜和巴布达	10.7		100.0	4.0	0.9	77.5
阿根廷	4697.2	529.0	88.7	2386.0	1199.7	49.7
亚美尼亚	196.5	25.0	87.3	174.4	29.4	83.1
澳大利亚	14290.4	－55.0	100.4	389.5	82.7	78.8
阿塞拜疆	480.6		100.0	12.1	0.8	93.4
巴哈马	64.9		100.0	58.4	5.8	90.1
巴　林	135.4	14.7	89.1	138.1	43.4	68.6
孟加拉国	581.6	154.9	73.4	350.1	192.7	45.0
巴巴多斯	21.5	1.9	91.2	12.1	4.8	60.3
白俄罗斯	2510.9		100.0	2.7	0.8	70.4
伯利兹	24.4	2.2	91.0	21.7	3.2	85.3
贝　宁	59.9	7.9	86.8	36.0	8.2	77.2
不　丹	0.2		100.0	0.1	0.1	
玻利维亚	75.7	2.4	96.8	67.4	6.6	90.2
波　黑	24.2	22.1	8.7	259.2	27.6	89.4
博茨瓦纳	6.9	0.6	91.3	10.2	11.1	－8.8
巴　西	10525.8	318.1	97.0	3589.4	1915.2	46.6
文　莱	78.2	9.9	87.3	46.3	10.4	77.5
布基纳法索	36.3	4.2	88.4	16.3	8.2	49.7
布隆迪	59.0	3.1	94.7	19.2	4.3	77.6
柬埔寨	94.2	11.6	87.7	97.0	19.9	79.5
喀麦隆	256.9	25.0	90.3	261.7	41.3	84.2
加拿大	19958.2		100.0	923.1	559.4	39.4

资料来源：联合国环境规划署臭氧处数据存取中心。
　　　　　联合国统计司千年发展目标数据库。

附录 6－8　续表 1

国家和地区	氟氯化碳消耗臭氧量			全部消耗臭氧层物质消耗臭氧量		
	消耗臭氧潜力基数	2007 年消耗臭氧潜力	比基数减少（%）	2002 年消耗臭氧潜力	2007 年消耗臭氧潜力	比 2002 年减少（%）
佛得角	2.3		100.0	1.8	0.1	94.4
中非共和国	11.2	1.3	88.4	4.6	1.6	65.2
乍　得	34.6	5.1	85.3	27.3	5.2	81.0
智　利	828.7	19.2	97.7	591.9	270.2	54.4
中　国	57818.7	5832.1	89.9	47804.1	25189.9	47.3
哥伦比亚	2208.2	263.1	88.1	1002.2	469.9	53.1
科摩罗	2.5	0.3	88.0	1.9	0.4	78.9
刚　果	11.9	1.5	87.4	7.0	1.9	72.9
库克群岛	1.7		100.0			
哥斯达黎加	250.2	27.9	88.8	425.4	281.8	33.8
科特迪瓦	294.2	35.5	87.9	121.2	41.8	65.5
克罗地亚	219.3	-5.0	102.3	172.3	2.2	98.7
古　巴	625.1	83.5	86.6	518.0	103.5	80.0
刚果民主共和国	665.7	48.9	92.7	1081.3	60.9	94.4
吉布提	21.0	2.2	89.5	15.8	2.6	83.5
多米尼加	1.5		100.0	3.1		100.0
多米尼加共和国	539.8	24.4	95.5	406.9	97.8	76.0
厄瓜多尔	301.4	28.3	90.6	273.4	150.7	44.9
埃　及	1668.0	241.6	85.5	1944.1	860.8	55.7
萨尔瓦多	306.5	34.7	88.7	108.1	51.4	52.5
赤道几内亚	31.5	4.6	85.4	27.9	6.0	78.5
厄立特里亚	41.1	3.1	92.5	32.2	3.8	88.2
爱沙尼亚	33.8	4.9	85.5	86.6	5.0	94.2
欧　盟	301930.2	-106.7	100.0	-6754.6	-5460.6	
斐　济	33.4		100.0	5.3	4.5	15.1
加　蓬	10.3		100.0	6.9	4.1	40.6
冈比亚	23.8	0.6	97.5	4.9	0.7	85.7
格鲁吉亚	22.5	2.7	88.0	64.3	6.3	90.2
加　纳	35.8	4.2	88.3	24.0	23.6	1.7
格林纳达	6.0		100.0	2.3	0.2	91.3
危地马拉	224.6	5.9	97.4	952.5	302.8	68.2
几内亚	42.4	2.9	93.2	31.4	3.9	87.6
几内亚比绍	26.3	2.9	89.0	27.2	3.1	88.6
圭亚那	53.2	0.1	99.8	15.6	0.6	96.2

附录6－8　续表2

国家和地区	氟氯化碳消耗臭氧量			全部消耗臭氧层物质消耗臭氧量		
	消耗臭氧潜力基数	2007年消耗臭氧潜力	比基数减少（%）	2002年消耗臭氧潜力	2007年消耗臭氧潜力	比2002年减少（%）
海　地	169.0	9.0	94.7	197.7	9.4	95.2
洪都拉斯	331.6	39.7	88.0	555.7	305.1	45.1
冰　岛	195.1		100.0	2.6	2.2	15.4
印　度	6681.0	998.2	85.1	15026.9	2971.0	80.2
印度尼西亚	8332.7	202.6	97.6	5787.4	500.1	91.4
伊　朗	4571.7	549.5	88.0	8572.9	745.6	91.3
伊拉克	1517.0	1686.1	-11.1	1580.6	1836.3	-16.2
以色列	4141.6		100.0	1241.3	503.3	59.5
牙买加	93.2		100.0	39.2	2.9	92.6
日　本	118134.0	-5.0	100.0	2466.8	996.6	59.6
约　旦	673.3	24.0	96.4	267.0	119.5	55.2
哈萨克斯坦	1206.2		100.0	146.9	120.9	17.7
肯尼亚	239.5	22.7	90.5	322.0	88.8	72.4
基里巴斯	0.7		100.0		0.1	-100.0
朝　鲜	441.7	40.7	90.8	2326.3	126.0	94.6
韩　国	9159.8	1209.6	86.8	11745.9	4552.7	61.2
科威特	480.4	68.0	85.8	515.7	427.9	17.0
吉尔吉斯斯坦	72.8	4.2	94.2	50.2	5.8	88.4
老　挝	43.3	6.4	85.2	42.9	8.0	81.4
黎巴嫩	725.5	74.5	89.7	710.8	112.4	84.2
莱索托	5.1		100.0	4.6	7.7	-67.4
利比里亚	56.1	1.8	96.8	54.0	3.7	93.1
阿拉伯利比亚民众国	716.7	57.5	92.0	1596.5	453.1	71.6
列支敦士登	37.2		100.0	0.1		100.0
马达加斯加	47.9	2.1	95.6	8.8	4.2	52.3
马拉维	57.7	2.3	96.0	75.4	5.1	93.2
马来西亚	3271.1	234.2	92.8	1966.3	664.2	66.2
马尔代夫	4.6		100.0	4.0	4.4	-10.0
马　里	108.1	11.0	89.8	28.3	12.4	56.2
马绍尔群岛	1.1		100.0	0.3	0.2	33.3
毛里塔尼亚	15.7	1.3	91.7	16.5	2.7	83.6
毛里求斯	29.1		100.0	14.4	8.6	40.3
墨西哥	4624.9	-480.6	110.4	3954.7	1917.9	51.5
密克罗尼西亚联邦	1.2	0.5	58.3	2.2	0.5	77.3

附录6－8　续表3

国家和地区	氟氯化碳消耗臭氧量			全部消耗臭氧层物质消耗臭氧量		
	消耗臭氧潜力基数	2007年消耗臭氧潜力	比基数减少（%）	2002年消耗臭氧潜力	2007年消耗臭氧潜力	比2002年减少（%）
摩纳哥	6.2		100.0	0.1	0.1	
蒙　古	10.6	1.0	90.6	7.3	1.7	76.7
黑　山	104.9	3.5	96.7	15.4	4.2	72.7
摩洛哥	802.3	24.1	97.0	1070.0	321.1	70.0
莫桑比克	18.2	2.3	87.4	14.4	4.0	72.2
缅　甸	54.3		100.0	45.7	2.4	94.7
纳米比亚	21.9		100.0	20.0	11.8	41.0
瑙　鲁	0.5		100.0			
尼泊尔	27.0		100.0	2.6	1.2	53.8
新西兰	2088.0		100.0	42.8	27.4	36.0
尼加拉瓜	82.8	3.7	95.5	64.9	3.9	94.0
尼日尔	32.0	4.3	86.6	27.6	5.3	80.8
尼日利亚	3650.0	17.5	99.5	3933.3	113.5	97.1
纽　埃	0.1		100.0			
挪　威	1313.0	-64.2	104.9	-42.8	-46.7	-9.1
阿　曼	248.4	10.1	95.9	201.5	29.6	85.3
巴基斯坦	1679.4	170.3	89.9	2347.2	354.0	84.9
帕　劳	1.6	0.1	93.8	0.2	0.1	50.0
巴拿马	384.1	28.4	92.6	204.7	43.5	78.7
巴布亚新几内亚	36.3	4.5	87.6	39.7	9.5	76.1
巴拉圭	210.6	12.3	94.2	105.5	27.1	74.3
秘　鲁	289.5		100.0	203.6	43.4	78.7
菲律宾	3055.8	143.1	95.3	1795.1	325.7	81.9
卡塔尔	101.4	13.0	87.2	105.4	36.5	65.4
摩尔多瓦	73.3	9.2	87.4	29.6	11.3	61.8
俄罗斯联邦	100352.0	363.0	99.6	892.3	1391.3	-55.9
卢旺达	30.4	4.1	86.5	30.4	5.5	81.9
圣基茨和尼维斯	3.7	0.1	97.3	6.3	0.6	90.5
圣卢西亚	8.3		100.0	7.7		100.0
圣文森特和格林纳丁斯	1.8	0.2	88.9	6.4	0.2	96.9
萨摩亚	4.5		100.0	2.6	0.2	92.3
圣多美和普林西	4.7	0.4	91.5	4.4	0.4	90.9
沙特阿拉伯	1798.5	657.8	63.4	1926.4	1615.8	16.1
塞内加尔	155.8	15.0	90.4	82.3	24.5	70.2
塞尔维亚	849.2	53.5	93.7	384.9	63.8	83.4

附录6－8　续表4

国家和地区	氟氯化碳消耗臭氧量			全部消耗臭氧层物质消耗臭氧量		
	消耗臭氧潜力基数	2007年消耗臭氧潜力	比基数减少（%）	2002年消耗臭氧潜力	2007年消耗臭氧潜力	比2002年减少（%）
塞舌尔	2.9		100.0	166.1	2.3	98.6
塞拉利昂	78.6	10.4	86.8	84.4	12.0	85.8
新加坡	210.5		100.0	126.4	153.0	-21.0
所罗门群岛	2.1		100.0	5.7	0.9	84.2
索马里	241.4	79.5	67.1	124.1	94.6	23.8
南　非	592.6		100.0	848.8	415.0	51.1
斯里兰卡	445.6	62.2	86.0	227.4	77.6	65.9
苏　丹	456.8	61.0	86.6	258.2	71.4	72.3
苏里南	41.3	0.1	99.8	51.0	2.7	94.7
斯威士兰	24.6		100.0	2.4	5.6	-133.3
瑞　士	7960.0		100.0	26.2	9.5	63.7
阿拉伯叙利亚共和国	2224.6	282.0	87.3	1754.1	372.3	78.8
塔吉克斯坦	211.0		100.0	12.6	3.8	69.8
泰　国	6082.1	321.6	94.7	3612.5	1316.6	63.6
马其顿	519.7		100.0	43.3	1.2	97.2
多　哥	39.8	5.0	87.4	35.3	9.9	72.0
汤　加	1.3		100.0	1.0	0.1	90.0
特立尼达和多巴哥	120.0		100.0	93.9	45.8	51.2
突尼斯	870.1	17.7	98.0	552.5	55.6	89.9
土耳其	3805.7		100.0	1336.4	937.2	29.9
土库曼斯坦	37.3	5.6	85.0	10.9	8.3	23.9
图瓦卢	0.3		100.0			
乌干达	12.8		100.0	44.9		100.0
乌克兰	4725.2		100.0	145.5	93.5	35.7
阿拉伯联合酋长国	529.3	79.4	85.0	624.2	512.8	17.8
坦桑尼亚	253.9	26.5	89.6	71.5	28.5	60.1
美　国	305963.6	-68.6	100.0	16206.4	8516.5	47.4
乌拉圭	199.1	29.3	85.3	100.9	55.7	44.8
乌兹别克斯坦	1779.2		100.0	0.8	0.1	87.5
瓦努阿图		0.3	-100.0		16.6	-100.0
委内瑞拉	3322.4	-114.4	103.4	1653.0	62.2	96.2
越　南	500.0	37.8	92.4	447.4	298.2	33.3
也　门	1796.1	268.7	85.0	1135.8	427.5	62.4
赞比亚	27.4	4.1	85.0	24.0	10.8	55.0
津巴布韦	451.4	54.3	88.0	345.8	92.3	73.3

附录 6 - 9　危险废物产生量

单位:千吨

国家和地区	1995	2001	2002	2003	2004	2005	2006	2007
阿尔巴尼亚	…	…	…	…	…	12.0	…	…
阿尔及利亚	185.0	…	…	325.0	…	…	…	…
安道尔	…	…	0.3	0.5	0.4	0.6	0.9	…
亚美尼亚	…	1.6	1.2	420.4	544.7	330.9	343.4	…
澳大利亚	…	649.1	642.4	…	…	…	…	…
奥地利	594.9	1025.7	920.2	…	1014.0	…	…	961.9
阿塞拜疆	27.0	16.4	9.8	26.9	11.2	12.8	29.5	10.4
巴　林	136.0	140.0	140.0	33.6	33.0	38.2	38.7	35.0
孟加拉国	…	…	…	…	74.0	75.9	…	…
白俄罗斯	90.3	99.1	116.9	123.9	154.2	192.0	238.8	322.5
比利时	1113.5	…	…	…	…	…	…	4039.1
伯利兹	…	0.8	…	…	…	…	…	…
贝　宁	…	…	1.7	…	…	…	…	…
保加利亚	…	…	…	…	…	…	…	785.0
布基纳法索	…	4.2	7.9	…	…	…	…	…
中　国	…	9520.0	10010.0	11700.0	9950.0	11620.0	10840.0	…
中国香港	97.1	77.1	64.1	59.2	47.6	47.1	59.0	60.7
中国澳门	…	4.5	5.2	5.9	5.9	5.9	6.5	6.4
克罗地亚	…	58.3	47.4	48.1	42.3	39.5	40.0	…
塞浦路斯	…	…	…	…	…	…	…	48.3
捷　克	6005.0	2817.0	1311.0	1219.0	1447.0	1372.0	…	1307.1
丹　麦	179.0	200.1	247.5	328.3	342.0	340.5	…	493.1
多米尼加	…	…	0.6	…	…	…	…	…
埃　及	…	…	…	…	…	…	…	639.1
爱沙尼亚	…	…	…	…	…	…	…	6618.8
芬　兰	…	827.0	1188.0	…	2349.0	…	…	2710.9
法　国	…	…	…	…	…	…	…	9621.6
格鲁吉亚	…	…	…	…	…	…	…	909.0
德　国	…	15830.0	19636.0	19515.0	18401.0	…	…	21705.4
希　腊	350.0	326.4	352.7	353.8	…	…	…	275.0
瓜德罗普岛	…	…	…	…	…	…	10.1	…
危地马拉	…	…	8.5	…	…	…	…	…
匈牙利	2274.3	892.7	543.2	…	…	…	…	1300.1
冰　岛	6.0	8.0	8.0	8.0	8.0	…	…	…
印　度	…	…	…	…	…	…	8140.0	…
印　尼	…	…	…	…	0.5	0.5	…	5.8
爱尔兰	247.8	491.7	…	…	673.6	…	…	708.8
以色列	…	290.2	253.9	251.7	299.0	316.1	…	…
意大利	2708.0	4279.2	5024.5	5439.7	5365.4	…	…	7464.7
日　本	2883.0	…	…	…	…	…	…	…

资料来源:联合国统计司/环境规划署环境统计问卷,废物部分。
经合组织/欧盟统计局国家环境问卷,废物部分。
经合组织环境统计数据网站。

附录6-9　续表

单位:千吨

国家和地区	1995	2001	2002	2003	2004	2005	2006	2007
约　旦	...	...	...	73.6	33.4	71.4	...	...
哈萨克斯坦	72.2	130.0	137.1	141.9	146.1	100.4	...	...
韩　国	1622.4	2858.0	2914.5	2913.0	...	...	...	...
吉尔吉斯斯坦	30.5	56.4	62.9	69.3	75.7	81.9	87.8	85.4
拉脱维亚	...	...	...	...	...	...	...	65.3
黎巴嫩	...	108.2	100.5	...	...	...	...	...
立陶宛	...	...	...	...	...	...	...	127.3
卢森堡	200.0	202.0	227.5	...	...	...	...	233.9
马达加斯加	...	...	1.9	...	...	...	...	46.0
马来西亚	...	420.2	363.0	460.9	469.6	548.9	1103.5	1138.8
马耳他	...	...	...	...	...	...	...	50.7
马提尼克	...	...	...	...	...	...	10.2	...
毛里求斯	...	...	...	0.9	...	...	...	4.2
墨西哥	...	3706.8	...	...	...	...	...	...
摩纳哥	0.3	0.3	0.6	0.8	0.6	0.5	0.5	0.6
摩洛哥	...	...	...	...	...	...	...	...
荷　兰	1004.0	...	2159.9	...	...	...	...	4949.3
尼日尔	...	...	...	...	503.0	554.0	...	...
挪　威	650.0	655.0	...	825.0	940.0	939.0	...	756.7
巴勒斯坦	...	16.4	...	12.5	15.1	11.0	29.7	4.5
巴拿马	0.2	0.8	1.5	1.9	1.7	1.7	1.9	1.3
菲律宾	...	278.4	...	2265.3	707.4	1670.2	11786.1	...
波　兰	3866.0	1308.0	1029.0	1339.0	1349.3	1778.9	...	2380.7
葡萄牙	668.0	253.6	204.9	...	...	...	...	6062.8
摩尔多瓦	2.7	1.9	2.2	2.0	0.9	0.8	0.6	0.6
留尼汪	...	...	...	...	...	...	7.9	...
罗马尼亚	...	...	...	...	...	...	...	1041.3
俄罗斯联邦	83330.3	139193.5	...	...	...	...	...	...
塞尔维亚	...	...	...	0.3	0.5	0.9	...	...
新加坡	23.8	38.4	42.4	43.0	38.2	37.1	63.1	65.9
斯洛伐克	1352.7	1662.8	1441.1	1257.6	1021.2	...	...	532.9
斯洛文尼亚	...	...	...	...	...	...	...	116.4
西班牙	...	3222.9	3222.9	3222.9	3534.3	...	...	4028.2
圣文森特和格林纳丁斯	...	...	...	...	...	...	...	...
瑞　典	...	...	...	...	1353.7	...	...	2654.1
瑞　士	830.8	1134.1	1112.0	...	...	...	...	...
叙利亚	...	...	...	...	...	...	...	...
泰　国	...	1650.0	1780.0	1800.0	1808.0	1814.0	1832.0	...
多　哥	...	...	...	...	...	...	...	1.9
特立尼达和多巴哥	...	...	...	11.5	...	...	...	...
突尼斯	...	151.0	150.2	...	...	...	...	...
土耳其	...	1166.0	...	...	1196.0	...	...	10.8
乌克兰	129645.3	77513.5	77604.9	79000.9	62910.7	...	...	...
英　国	2160.0	5526.4	5370.0	4991.0	5285.5	...	...	8448.5
美　国	194224.7	37033.2	...	27375.8	...	34788.4	...	...
也　门	38.2	...	...	...	...	...	...	...
赞比亚	...	...	...	53.8	...	80.0	...	...
津巴布韦	...	22.2	34.3	25.8	37.8	27.4	...	29.4

附录6－10　城市垃圾收集

国家和地区	截止年份	城市垃圾收集量（千吨）	城市垃圾收集受益率（%）	人均城市垃圾收集量（千克/人）
阿尔巴尼亚	2005	634	77	265
阿尔及利亚	2003	8500	80	333
安道尔	2007	32	100	387
安圭拉	2007	12	100	853
安提瓜和巴布达	2007	112	95	1374
亚美尼亚	2007	392	80	160
澳大利亚	2003	8903	...	...
奥地利	2007	4950	100	596
阿塞拜疆	2007	1631	...	...
白俄罗斯	2007	3220	100	331
比利时	2007	5211	100	495
伯利兹	2005	120	50	847
贝　宁	2002	986	23	603
玻利维亚	2007	849	...	...
波　黑	1999	1765	...	...
巴　西	2007	51432	83	326
英属维尔京群岛	2005	37	...	...
文　莱	2002	196	...	...
保加利亚	2007	3593	81	468
加拿大	2004	13375	99	422
智　利	2006	5333	...	...
中　国	2003	148565	...	...
中国香港	2007	6252	100	900
中国澳门	2007	289	100	564
哥伦比亚	2005	20776	95	508
哥斯达黎加	2002	1280	73	428
克罗地亚	2006	1894	92	464
古　巴	2005	4416	76	522
塞浦路斯	2007	587	...	754
捷　克	2007	3025	100	295

资料来源：联合国统计司/环境规划署环境统计问卷，废物部分。

经合组织/欧盟统计局国家环境问卷，废物部分。

经合组织环境统计数据网站。

联合国经济社会局人口处，世界人口展望：2008 修订版，纽约，2009。

附录 6－10　续表 1

国家和地区	截止年份	城市垃圾收集量（千吨）	城市垃圾收集受益率（%）	人均城市垃圾收集量（千克/人）
丹　麦	2007	4364	100	801
多米尼加	2005	21	94	330
多米尼加共和国	2005	1016	...	...
埃　及	2001	14500	...	...
爱沙尼亚	2007	719	79	536
芬　兰	2007	2675	100	506
法　国	2007	35233	100	571
法属圭亚那	2006	66	...	...
格鲁吉亚	2007	855	60	327
德　国	2007	46448	100	564
希　腊	2007	5002	100	450
瓜德鲁普	2005	175	100	383
危地马拉	2002	604	31	168
圭亚那	2007	210	87	316
匈牙利	2007	4594	90	456
冰　岛	2007	174	100	565
印　度	2001	17569	...	...
伊拉克	2005	5446	56	347
爱尔兰	2007	3391	76	788
以色列	2007	4321	...	...
意大利	2007	32776	100	553
牙买加	2004	709	...	...
日　本	2003	54367	100	428
约　旦	2006	2310	...	...
韩　国	2004	18252	99	388
科威特	2005	837	...	...
吉尔吉斯斯坦	2007	1659	...	...
拉脱维亚	2007	861	50	377
黎巴嫩	2005	1474	...	...
立陶宛	2007	1354	...	...
卢森堡	2007	331	100	697
马达加斯加	2007	419	18	127
马尔代夫	2005	19	...	...
马耳他	2007	263	100	648
马绍尔群岛	2007	26	60	731
马提尼克	2006	325	100	812
毛里求斯	2007	432	98	347
墨西哥	2006	36088	90	377
摩纳哥	2007	41	100	1260

附录6－10　　续表2

国家和地区	截止年份	城市垃圾收集量（千吨）	城市垃圾收集受益率（%）	人均城市垃圾收集量（千克/人）
摩洛哥	2000	6500	...	...
尼泊尔	2002	418	...	...
荷　兰	2007	10332	100	628
新西兰	1999	1541	...	...
尼日尔	2005	9750	...	...
挪　威	2007	3859	99	826
巴勒斯坦	2001	1350	...	...
巴拿马	1998	379	...	...
秘　鲁	2001	4740	75	239
波　兰	2007	12264	...	322
葡萄牙	2007	5007	100	472
摩尔多瓦	2007	1820	...	...
留尼汪	2006	572	...	...
罗马尼亚	2007	8183	90	379
俄罗斯联邦	2000	207400	...	...
塞内加尔	2005	465	21	193
塞尔维亚	2005	2890	...	...
新加坡	2007	4823	100	1075
斯洛伐克	2007	1669	100	309
斯洛文尼亚	2007	886	93	441
西班牙	2007	26154	...	588
斯里兰卡	2004	1036	...	...
圣文森特和格林纳丁斯	2002	38	100	350
瑞　典	2007	4717	100	515
瑞　士	2007	5460	99	734
叙利亚	2003	7500	...	...
泰　国	2000	13972	...	...
马其顿	2005	2526	...	...
特立尼达和多巴哥	2002	425	...	...
突尼斯	2004	1316	...	...
土耳其	2007	30000	73	430
乌干达	2006	224	...	...
乌克兰	2007	4388	...	...
英　国	2007	34780	100	571
美　国	2005	222863	100	736
乌拉圭	2000	910	...	...
也　门	2007	1447	...	...
赞比亚	2005	389	20	166

附录6－11　城市垃圾处理

国家和地区	截止年份	城市垃圾收集量（千吨）	填　埋	焚　烧	回收利用	堆　肥
阿尔及利亚	2003	8500	99.9	...	0.1	...
安道尔	2007	32	...	116.1		
安圭拉	2007	12	100.0	...	...	...
安提瓜和巴布达	2007	112	99.0	...	1.0	...
亚美尼亚	2007	392	100.0	...	...	...
澳大利亚	2003	8903	69.7	...	30.3	...
奥地利	2007	4950	16.1	28.2	...	...
白俄罗斯	2007	3220	100.0	...	...	...
比利时	2007	5211	4.3	32.9	...	...
伯利兹	2005	120	100.0	...	...	...
贝　宁	2002	986			...	...
英属维尔京群岛	2005	37		80.3		
保加利亚	2007	3593	82.9		...	...
加拿大	2004	13375	73.3	...	26.8	...
智　利	2006	5333	100.0	...	...	...
中　国	2003	148565	43.1	2.5	...	4.8
中国香港	2007	6252	55.0	...	45.0	...
中国澳门	2007	289	20.5	99.6	...	...
哥伦比亚	2005	20776	80.4	...	0.9	...
克罗地亚	2006	1894	69.5	...	2.4	0.9
古　巴	2005	4416	100.0		4.8	11.1
塞浦路斯	2007	587	87.2		...	...
捷　克	2007	3025	82.6	12.4	...	...
丹　麦	2007	4364	5.1	53.3	...	...
多米尼加	2005	21	100.0	...	...	...
爱沙尼亚	2007	719	54.2	0.1	...	...
芬　兰	2007	2675	52.7	11.6	...	...
法　国	2007	35233	33.3	35.0	...	...
德　国	2007	46448	0.6	34.0	...	...
希　腊	2007	5002	84.1		...	...
匈牙利	2007	4594	74.6	8.3	...	...
冰　岛	2007	174	67.2	8.6	...	...
爱尔兰	2007	3391	59.5		...	...
以色列	2007	4321	...		...	...
意大利	2007	32776	48.9	11.8	...	...

资料来源：联合国统计司/环境规划署环境统计问卷，废物部分。
经合组织/欧盟统计局国家环境问卷，废物部分。
经合组织环境统计数据网站。

附录6－11 续表

国家和地区	截止年份	城市垃圾收集量（千吨）	填 埋	焚 烧	回收利用	堆 肥
牙买加	2004	709	...	...	...	...
日 本	2003	54367	3.4	74.0	16.8	...
韩国	2004	18252	36.4	14.4	49.2	
吉尔吉斯斯坦	2007	1659	100.0	...	...	...
拉脱维亚	2007	861	85.4	0.3	...	...
立陶宛	2007	1354	91.9		...	...
卢森堡	2007	331	18.7	35.3	...	...
马达加斯加	2007	419	96.7			3.5
马耳他	2007	263	87.5		...	...
马绍尔群岛	2007	26	...		30.8	6.0
马提尼克	2006	325	60.2	35.7	1.0	2.5
毛里求斯	2007	432	91.2	...	2.0	...
墨西哥	2006	36088	96.7		3.3	
摩纳哥	2007	41	27.1	131.5	4.3	...
摩洛哥	2000	6500	98.0		2.0	
荷 兰	2007	10332	2.2	31.9	...	...
新西兰	1999	1541	84.7	...	15.3	...
尼日尔	2005	9750	64.0	12.0	4.0	...
挪 威	2007	3859	31.8	16.0	...	...
巴勒斯坦	2001	1350	100.0	...	...	...
巴拿马	1998	379	100.0	...	...	...
秘 鲁	2001	4740	65.7	...	14.7	...
波 兰	2007	12264	74.2	0.3	...	...
葡萄牙	2007	5007	62.9	19.3	...	...
留尼汪	2006	572	86.6		6.8	6.5
罗马尼亚	2007	8183	74.8		...	...
新加坡	2007	4823	15.3	49.3	47.2	
斯洛伐克	2007	1669	77.6	10.8	...	...
斯洛文尼亚	2007	886	77.7		...	...
西班牙	2007	26154	59.5	9.9	...	...
圣文森特和格林纳丁斯	2002	38	84.9		15.1	...
瑞 典	2007	4717	4.0	46.4	...	...
瑞 士	2007	5460		49.1	...	...
叙利亚	2003	7500	93.9	5.3	1.1	...
泰 国	2000	13972	...	0.8	14.3	...
突尼斯	2004	1316	99.9	...	...	0.1
土耳其	2007	30000	83.3		...	...
乌干达	2006	224	100.0		...	
英 国	2007	34780	56.6	9.3	...	...
美 国	2005	222863	54.3	13.6	23.8	8.4
乌拉圭	2000	910	...	...		
也 门	2007	1447	100.0	...	...	...

附录6－12　森林面积

国家和地区	1990年 森林面积 （平方公里）	2007年 森林面积 （平方公里）	比1990年 增减 （%）	1990年 森林覆盖率 （%）	2007年 森林覆盖率 （%）
阿富汗	13090	8078	-38.3	2.0	1.2
阿尔巴尼亚	7890	8040	1.9	28.8	29.3
阿尔及利亚	17898	23299	30.2	0.8	1.0
美属萨摩亚	184	178	-3.3	91.9	89.0
安道尔	160	160		35.6	34.0
安哥拉	609760	588544	-3.5	48.9	47.2
安圭拉	55	55		71.4	61.1
安提瓜和巴布达	94	94		21.4	21.4
阿根廷	352620	327214	-7.2	12.9	12.0
亚美尼亚	3460	2742	-20.8	12.3	9.7
阿鲁巴	4	4		2.2	2.2
澳大利亚	1679040	1632912	-2.7	21.9	21.3
奥地利	37760	38716	2.5	45.6	47.0
阿塞拜疆	9360	9360		11.3	11.3
巴哈马	5150	5150		51.5	51.4
巴　林	2	5	150.0	0.3	0.7
孟加拉国	8820	8664	-1.8	6.8	6.7
巴巴多斯	17	17		4.0	4.0
白俄罗斯	73760	79124	7.3	35.6	39.0
比利时	6770	6670	-1.5	22.4	22.0
伯利兹	16530	16530		72.5	72.5
贝　宁	33220	22214	-33.1	30.0	20.1
百慕大	10	10		20.0	20.0
不　丹	30350	32166	6.0	64.6	83.8
玻利维亚	627950	581996	-7.3	57.9	53.7
波　黑	22100	21850	-1.1	43.6	42.7
博茨瓦纳	137180	117062	-14.7	24.2	20.7
巴　西	5200270	4714920	-9.3	62.2	55.7
英属维尔京群岛	37	37		24.7	24.7
文　莱	3130	2740	-12.5	59.4	52.0
保加利亚	33270	37250	12.0	30.1	34.3
布基纳法索	71542	67464	-5.7	30.6	24.7
布隆迪	2890	1336	-53.8	11.3	5.2

资料来源：联合国粮农组织。

附录6－12　续表1

国家和地区	1990年森林面积（平方公里）	2007年森林面积（平方公里）	比1990年增减（%）	1990年森林覆盖率（%）	2007年森林覆盖率（%）
柬埔寨	129460	100094	-22.7	73.3	56.7
喀麦隆	245450	208050	-15.2	52.7	44.0
加拿大	3101340	3101340		33.6	34.1
佛得角	578	845	46.2	14.3	21.0
开曼群岛	124	124		48.4	47.7
中非共和国	232030	226958	-2.2	37.2	36.4
乍　得	131097	117626	-10.3	10.4	9.3
海峡群岛	8	8		4.1	4.2
智　利	152630	162358	6.4	20.4	21.8
中　国	1571410	2054056	30.7	16.8	22.0
哥伦比亚	614390	606340	-1.3	59.1	54.6
科摩罗	120	44	-63.3	6.5	2.4
刚　果	227263	224373	-1.3	66.5	65.7
库克群岛	149	155	4.0	63.9	64.6
哥斯达黎加	25640	23970	-6.5	50.2	46.9
科特迪瓦	102220	104358	2.1	32.1	32.8
克罗地亚	21160	21374	1.0	37.8	39.6
古　巴	20580	28242	37.2	18.7	25.7
塞浦路斯	1611	1750	8.6	17.4	18.9
捷　克	26300	26524	0.9	34.0	34.3
刚果民主共和国	1405305	1329707	-5.4	62.0	58.7
丹　麦	4450	5056	13.6	10.5	11.9
吉布提	56	56		0.2	0.2
多米尼加	500	455	-9.0	66.7	60.7
多米尼加共和国	13760	13760		28.4	28.5
厄瓜多尔	138170	104582	-24.3	49.9	37.8
埃　及	440	702	59.5		0.1
萨尔瓦多	3750	2876	-23.3	18.1	13.9
赤道几内亚	18600	16015	-13.9	66.3	57.1
厄立特里亚	16210	15496	-4.4	16.0	15.3
爱沙尼亚	21630	23004	6.4	51.0	54.3
埃塞俄比亚	151140	127180	-15.9	13.8	12.7
法罗群岛	1	1		0.1	0.1
福克兰群岛（马尔维纳斯群岛）					

附录6－12　续表2

国家和地区	1990年森林面积（平方公里）	2007年森林面积（平方公里）	比1990年增减（%）	1990年森林覆盖率（%）	2007年森林覆盖率（%）
斐　济	9790	10000	2.1	53.6	54.7
芬　兰	221940	225100	1.4	72.9	74.0
法　国	145380	156352	7.5	26.4	28.5
法属圭亚那	80910	80630	－0.3	91.8	91.5
法属波利尼西亚	1050	1050		28.7	28.7
加　蓬	219270	217546	－0.8	85.1	84.4
冈比亚	4420	4750	7.5	39.1	47.5
格鲁吉亚	27600	27601	0.0	39.7	39.7
德　国	107410	110760	3.1	30.8	31.8
加　纳	74480	52862	－29.0	32.7	23.2
直布罗陀					
希　腊	32990	38124	15.6	25.6	29.6
格陵兰	2	2			0.0
格林纳达	42	41	－2.4	12.2	12.1
瓜德鲁普	835	793	－5.0	49.4	46.9
关　岛	259	259		47.1	48.0
危地马拉	47480	38300	－19.3	43.8	35.7
几内亚	74080	66522	－10.2	30.1	27.1
几内亚比绍	22164	20523	－7.4	78.8	73.0
圭亚那	151040	151035	0.0	76.7	76.7
海　地	1160	1034	－10.9	4.2	3.8
罗马教廷		...	...	...	...
洪都拉斯	73850	43352	－41.3	66.0	38.7
匈牙利	18010	20036	11.2	19.6	22.4
冰　岛	250	492	96.8	0.2	0.5
印　度	639390	677598	6.0	21.5	22.8
印度尼西亚	1165670	847522	－27.3	64.3	46.8
伊　朗	110750	110750		6.8	6.8
伊拉克	8040	8236	2.4	1.8	1.9
爱尔兰	4410	6930	57.1	6.4	10.1
曼　岛	35	35		6.1	6.1
以色列	1540	1738	12.9	7.5	8.0
意大利	83830	101918	21.6	28.5	34.6

附录 6－12　　续表 3

国家和地区	1990 年森林面积（平方公里）	2007 年森林面积（平方公里）	比 1990 年增减（%）	1990 年森林覆盖率（%）	2007 年森林覆盖率（%）
牙买加	3450	3382	-2.0	31.9	31.2
日　本	249500	248648	-0.3	68.4	68.2
约　旦	830	830		0.9	0.9
哈萨克斯坦	34220	33258	-2.8	1.3	1.2
肯尼亚	37080	34980	-5.7	6.5	6.1
基里巴斯	22	22		3.0	2.7
朝　鲜	82010	59334	-27.7	68.1	49.3
韩　国	63710	62510	-1.9	64.5	64.5
科威特	35	58	65.7	0.2	0.3
吉尔吉斯斯坦	8360	8737	4.5	4.4	4.6
老　挝	173140	159860	-7.7	75.0	69.3
拉脱维亚	27750	29634	6.8	44.7	47.6
黎巴嫩	1210	1387	14.6	11.7	13.6
莱索托	50	84	68.0	0.2	0.3
利比里亚	40580	30336	-25.2	42.1	31.5
利比亚	2170	2170		0.1	0.1
列支敦士登	65	69	6.2	40.6	43.1
立陶宛	19450	21306	9.5	31.0	34.0
卢森堡	860	868	0.9	33.2	33.5
马达加斯加	136919	127637	-6.8	23.5	21.9
马拉维	38960	33360	-14.4	41.4	35.5
马来西亚	223760	206096	-7.9	68.1	62.7
马尔代夫	9	9		3.0	3.0
马　里	140715	123715	-12.1	11.5	10.1
马耳他	3	3		1.1	0.9
马绍尔群岛		...	...		...
马提尼克	465	465		43.9	43.9
毛里塔尼亚	4150	2470	-40.5	0.4	0.2
毛里求斯	390	366	-6.2	19.2	18.0
马约特	58	54	-6.9	15.5	14.4
墨西哥	690160	637172	-7.7	36.2	32.8
密克罗尼西亚联邦	630	634	0.6	90.6	90.6

附录6－12　续表4

国家和地区	1990年森林面积（平方公里）	2007年森林面积（平方公里）	比1990年增减（%）	1990年森林覆盖率（%）	2007年森林覆盖率（%）
摩纳哥		...	...		...
蒙　古	114920	100868	－12.2	7.3	6.5
黑　山	...	6252	...	...	46.5
蒙特塞拉特	35	35		35.0	35.0
摩洛哥	42890	43784	2.1	9.6	9.8
莫桑比克	200120	191620	－4.2	25.5	24.4
缅　甸	392190	312892	－20.2	59.6	47.9
纳米比亚	87620	75122	－14.3	10.6	9.1
瑙　鲁					
尼泊尔	48170	35304	－26.7	33.7	24.6
荷　兰	3450	3670	6.4	10.2	10.9
荷属安的列斯	12	12		1.5	1.5
新喀里多尼亚	7170	7170		39.2	39.2
新西兰	77200	83422	8.1	28.8	31.2
尼加拉瓜	65380	49790	－23.8	53.9	41.5
尼日尔	19450	12411	－36.2	1.5	1.0
尼日利亚	172340	102698	－40.4	18.9	11.3
纽埃	172	137	－20.3	66.2	52.7
北马里亚纳群岛	350	332	－5.1	75.3	72.2
挪　威	91300	94214	3.2	29.8	31.0
阿　曼	20	20			...
巴基斯坦	25270	18164	－28.1	3.3	2.4
帕　劳	380	406	6.8	82.9	88.3
巴勒斯坦	90	90		...	1.5
巴拿马	43760	42888	－2.0	58.8	57.7
巴布亚新几内亚	315230	291588	－7.5	69.6	64.4
巴拉圭	211570	181178	－14.4	53.3	45.6
秘　鲁	701560	685536	－2.3	54.8	53.6
菲律宾	105740	68472	－35.2	35.5	23.0
皮特凯恩	35	35		74.5	74.5
波　兰	88810	92452	4.1	29.2	30.4
葡萄牙	30990	38630	24.7	33.9	42.2
波多黎各	4040	4084	1.1	45.5	46.0

附录6－12　续表5

国家和地区	1990年森林面积（平方公里）	2007年森林面积（平方公里）	比1990年增减（%）	1990年森林覆盖率（%）	2007年森林覆盖率（%）
卡塔尔					
摩尔多瓦	3190	3302	3.5	9.7	10.0
留尼汪	873	829	－5.0	34.9	33.2
罗马尼亚	63710	63716	…	27.8	27.7
俄罗斯联邦	8089500	8085986	…	47.9	49.4
卢旺达	3180	5344	68.1	12.9	21.7
圣赫勒拿	20	20		5.1	5.1
圣基茨和尼维斯	53	53		14.7	20.4
圣卢西亚	170	170		27.9	27.9
圣皮埃尔岛和密克隆	30	30		13.0	13.0
萨摩亚	1300	1710	31.5	45.9	60.4
圣马力诺	1	1		1.6	1.7
圣多美和普林西比	274	274		28.4	28.5
沙特阿拉伯	27280	27280		1.3	1.3
塞内加尔	93482	85832	－8.2	48.6	44.6
塞尔维亚	…	20868	…	…	23.6
塞舌尔	400	400		88.9	87.0
塞拉利昂	30443	27158	－10.8	42.5	37.9
新加坡	23	23		3.4	3.3
斯洛伐克	19220	19322	0.5	40.0	40.2
斯洛文尼亚	11880	12745	7.3	59.0	63.3
所罗门群岛	27680	20924	－24.4	98.9	74.8
索马里	82820	69774	－15.8	13.2	11.1
南　非	92030	92030		7.6	7.6
西班牙	134790	185066	37.3	27.0	37.1
斯里兰卡	23500	18734	－20.3	36.4	29.0
圣文森特和格林纳丁斯	95	109	14.7	24.2	27.9
苏　丹	763814	663677	－13.1	32.1	27.9
苏里南	147760	147760		94.7	94.7
斯威士兰	4720	5504	16.6	27.4	32.0
瑞　典	273670	275496	0.7	66.5	67.1
瑞　士	11550	12298	6.5	29.2	30.7

附录6-12　续表6

国家和地区	1990年森林面积（平方公里）	2007年森林面积（平方公里）	比1990年增减（%）	1990年森林覆盖率（%）	2007年森林覆盖率（%）
叙利亚	3720	4726	27.0	2.0	2.6
塔吉克斯坦	4080	4100	0.5	2.9	2.9
泰　国	159650	144024	-9.8	31.2	28.2
马其顿	9060	9060		35.8	35.6
东帝汶	9660	7756	-19.7	65.0	52.2
多　哥	6850	3460	-49.5	12.6	6.4
托克劳					
汤　加	36	36		5.0	5.0
特立尼达和多巴哥	2350	2252	-4.2	45.8	43.9
突尼斯	6430	10948	70.3	4.1	7.0
土耳其	96800	102242	5.6	12.6	13.3
土库曼斯坦	41270	41270		8.8	8.8
特克斯和凯科斯群岛	344	344		80.0	36.2
图瓦卢	10	10		33.3	33.3
乌干达	49240	34542	-29.8	25.0	17.5
乌克兰	92740	96010	3.5	16.0	16.6
阿拉伯联合酋长国	2450	3128	27.7	2.9	3.7
英　国	26110	28658	9.8	10.8	11.8
坦桑尼亚	414410	344326	-16.9	46.9	38.9
美　国	2986480	3034070	1.6	32.6	33.1
美属维尔京群岛	119	91	-23.5	35.0	26.0
乌拉圭	9050	15448	70.7	5.2	8.8
乌兹别克斯坦	30450	33282	9.3	7.4	7.8
瓦努阿图	4395	4395		36.1	36.1
委内瑞拉	520260	471378	-9.4	59.0	53.4
越　南	93630	134134	43.3	28.8	43.3
瓦利斯和富图纳群岛	59	47	-20.3	42.1	33.6
西撒哈拉	10110	10110		3.8	3.8
也　门	5490	5490		1.0	1.0
赞比亚	491240	415624	-15.4	66.1	55.9
津巴布韦	222340	169140	-23.9	57.5	43.7

附录6－13　农业用地

国家和地区	2007年农业用地（平方公里）	比1990年增减（%）	2007年农业用地占土地总面积比重（%）
阿富汗	386610	1.6	59.3
阿尔巴尼亚	11190	-0.2	40.8
阿尔及利亚	412520	6.7	17.3
美属萨摩亚	50	25.0	25.0
安道尔	260		55.3
安哥拉	575900	0.3	46.2
安提瓜和巴布达	130		29.5
阿根廷	1333500	4.7	48.7
亚美尼亚	16150	…	57.3
阿鲁巴	20		11.1
澳大利亚	4254490	-8.4	55.4
奥地利	32400	-7.4	39.3
阿塞拜疆	47565	…	57.6
巴哈马	140	16.7	1.4
巴　林	100	25.0	14.1
孟加拉国	90500	-9.8	69.5
巴巴多斯	190		44.2
白俄罗斯	89500	…	44.1
比利时	13700	…	45.2
伯利兹	1520	20.6	6.7
贝　宁	35200	55.1	31.8
百慕大	10		20.0
不　丹	5620	23.8	14.6
玻利维亚	368280	3.9	34.0
波　黑	21490	…	42.0
博茨瓦纳	258520	-0.6	45.6
巴　西	2635000	9.1	31.1
英属维尔京群岛	80	-11.1	53.3
文　莱	114	3.6	2.2
保加利亚	51160	-16.9	47.1
布基纳法索	112600	17.6	41.2
布隆迪	22950	8.0	89.4
柬埔寨	54550	22.4	30.9
喀麦隆	91600	-0.1	19.4
加拿大	676000	-0.2	7.4
佛得角	780	14.7	19.4
开曼群岛	30		11.5

资料来源：联合国粮农组织。

2007 年耕地面积（平方公里）	2007 年农用地面积（平方公里）	2007 年牧草地面积（平方公里）	2007 年农业灌溉面积（平方公里）
85310	1300	300000	22520
5780	1200	4210	...
74690	9210	328620	9050
20	30	...	...
10	...	250	...
33000	2900	540000	...
80	10	40	...
325000	10000	998500	...
4060	540	11550	...
20	...	...	...
441800	3500	3809190	...
13820	680	17900	...
18540	2247	26778	14296
80	40	20	...
20	40	40	...
79700	4800	6000	...
160	10	20	...
55350	1200	32950	...
8400	230	5070	230
700	320	500	...
27000	2700	5500	...
10	...	...	...
1280	270	4070	388
36090	2190	330000	...
10220	950	10320	...
2500	20	256000	...
595000	70000	1970000	...
20	10	50	...
30	50	34	1
30860	1950	18350	...
52000	600	60000	...
9950	3500	9500	...
38000	1550	15000	...
59600	12000	20000	...
451000	70500	154500	...
500	30	250	...
10	...	20	...

附录6-13 农业用地 续表1

国家和地区	2007年农业用地（平方公里）	比1990年增减（%）	2007年农业用地占土地总面积比重（%）
中非共和国	52050	4.0	8.4
乍 得	493300	2.1	39.2
海峡群岛	72	-15.3	37.9
智 利	157620	-0.9	21.2
中 国	5528320	4.0	59.3
中国香港	70	-12.5	6.7
中国澳门	424360	-5.9	38.2
科摩罗	1500	17.2	80.6
刚 果	105450	0.2	30.9
库克群岛	40	-33.3	16.7
哥斯达黎加	27500	-0.4	53.9
科特迪瓦	202000	6.7	63.5
克罗地亚	12010	...	22.3
古 巴	66200	-1.8	60.3
塞浦路斯	1570	-3.1	17.0
捷 克	42490	...	55.0
刚果民主共和国	226500	-0.9	10.0
丹 麦	26630	-4.5	62.8
吉布提	17013	31.0	73.4
多米尼加	230	27.8	30.7
多米尼加共和国	25170	-1.3	52.1
厄瓜多尔	74120	-5.5	26.8
埃 及	35380	33.6	3.6
萨尔瓦多	15560	10.4	75.1
赤道几内亚	3240	-3.0	11.6
厄立特里亚	75420	...	74.7
爱沙尼亚	8230	...	19.4
埃塞俄比亚	350770	...	35.1
法罗群岛	30		2.1
福克兰群岛（马尔维纳斯群岛）	11180	-6.1	91.9
斐 济	4280	4.4	23.4
芬 兰	22950	-4.3	7.5
法 国	294180	-3.8	53.7
法属圭亚那	230	9.5	0.3
法属波利尼西亚	450	4.7	12.3
加 蓬	51600	0.1	20.0
冈比亚	8130	27.6	81.3
格鲁吉亚	25170	...	36.2

2007 年耕地面积（平方公里）	2007 年农用地面积（平方公里）	2007 年牧草地面积（平方公里）	2007 年农业灌溉面积（平方公里）
19250	800	32000	...
43000	300	450000	...
34	...	38	...
12940	4590	140090	9600
1406300	122010	4000010	...
50	10	10	...
19980	15720	388660	...
800	550	150	...
4950	500	100000	...
30	10	...	...
2000	3000	22500	...
28000	42000	132000	...
8520	800	2690	30
35730	4180	26290	...
1150	410	10	320
30320	2390	9780	200
67000	9500	150000	...
23060	70	3500	2540
13	...	17000	...
50	160	20	...
8200	5000	11970	...
11950	12200	49970	7970
30180	5200	...	...
6820	2370	6370	322
1300	900	1040	...
6400	20	69000	...
5980	90	2160	...
140380	10390	200000	1640
30	...	...	...
...	...	11180	...
1700	830	1750	...
22530	80	340	...
184330	10860	98990	...
121	39	70	...
30	220	200	...
3250	1700	46650	...
3480	60	4590	...
4630	1140	19400	...

附录 6－13　农业用地　　续表 2

国家和地区	2007 年农业用地（平方公里）	比 1990 年增减（%）	2007 年农业用地占土地总面积比重（%）
德　国	169500	-6.0	48.6
加　纳	148500	17.8	65.3
希　腊	82800	-10.2	64.2
格陵兰	2350		0.6
格林纳达	130		38.2
瓜德鲁普	440	-17.0	26.0
关　岛	190	-5.0	35.2
危地马拉	44640	4.2	41.7
几内亚	135700	12.2	55.2
几内亚比绍	16300	8.9	58.0
圭亚那	16800	-3.0	8.5
海　地	16900	5.8	61.3
洪都拉斯	31280	-5.8	28.0
匈牙利	58070	-10.3	64.8
冰　岛	22810		22.8
印　度	1799000	-0.6	60.5
印度尼西亚	485000	7.6	26.8
伊　朗	480730	-21.8	29.5
伊拉克	94500	-6.3	21.6
爱尔兰	42760	-24.3	62.1
曼　岛	260	-8.8	45.6
以色列	5010	-13.5	23.2
意大利	138880	-17.5	47.2
牙买加	5130	7.8	47.4
日　本	46500	-18.3	12.8
约　旦	9643	-7.3	10.9
哈萨克斯坦	2078980	...	77.0
肯尼亚	270000	0.9	47.4
基里巴斯	370	-5.1	45.7
朝　鲜	30500	21.1	25.3
韩　国	18400	-15.6	19.0
科威特	1540	9.2	8.6
吉尔吉斯斯坦	107286	...	55.9
老　挝	21290	28.3	9.2
拉脱维亚	18390	...	29.5
黎巴嫩	6871	13.6	67.2
莱索托	23040	-0.7	75.9
利比里亚	26000	4.3	27.0

2007 年耕地面积（平方公里）	2007 年农用地面积（平方公里）	2007 年牧草地面积（平方公里）	2007 年农业灌溉面积（平方公里）
118770	1980	48750	...
41000	24000	83500	...
25480	11320	46000	...
...	...	2350	...
20	100	10	...
210	30	200	31
10	100	80	...
15760	9380	19500	...
22000	6700	107000	...
3000	2500	10800	...
4200	300	12300	...
9000	3000	4900	...
10680	3600	17000	...
45920	1980	10170	1210
70	...	22740	...
1586500	108500	104000	...
220000	155000	110000	...
168690	16800	295240	88560
52000	2500	40000	...
10600	30	32130	...
70	...	190	...
3070	690	1250	...
71710	25310	41860	...
1740	1100	2290	...
43260	3240	...	16690
1403	810	7430	810
227000	1000	1850980	...
52000	5000	213000	...
20	350	...	...
28000	2000	500	...
15970	1850	580	9500
150	30	1360	...
12800	734	93752	...
11700	810	8780	...
11880	100	6410	...
1442	1429	4000	1371
3000	40	20000	...
3850	2150	20000	...

附录 6 - 13　农业用地　　续表 3

国家和地区	2007 年农业用地（平方公里）	比 1990 年增减（%）	2007 年农业用地占土地总面积比重（%）
利比亚	155500	0.6	8.8
列支敦士登	60	-14.3	37.5
立陶宛	26950	...	43.0
卢森堡	1310	...	50.6
马达加斯加	408430	12.4	70.2
马拉维	49700	17.8	52.8
马来西亚	78700	8.9	24.0
马尔代夫	130	44.4	43.3
马　里	396190	23.3	32.5
马耳他	93	-28.5	29.1
马绍尔群岛	140	...	77.8
马提尼克	280	-28.2	26.4
毛里塔尼亚	397120	0.1	38.5
毛里求斯	1010	-10.6	49.8
马约特	200	11.1	53.5
墨西哥	1068000	2.9	54.9
密克罗尼西亚联邦	235	...	33.6
蒙　古	1159960	-7.7	74.7
黑　山	5140	...	38.2
蒙特塞拉特	30		30.0
摩洛哥	299600	-1.3	67.1
莫桑比克	488000	2.3	62.1
缅　甸	119840	14.9	18.3
纳米比亚	388050	0.4	47.1
尼泊尔	42100	1.4	29.4
荷　兰	19140	-4.6	56.7
荷属安的列斯	80		10.0
新喀里多尼亚	2520	8.6	13.8
新西兰	122860	-24.1	45.9
尼加拉瓜	52000	29.2	43.3
尼日尔	435150	31.7	34.4
尼日利亚	785000	8.9	86.2
纽　埃	70		26.9
诺福克岛	10		25.0
北马里亚纳群岛	30	...	6.5
挪　威	10330	5.8	3.4
阿　曼	17990	66.6	5.8

2007 年耕地面积（平方公里）	2007 年农用地面积（平方公里）	2007 年牧草地面积（平方公里）	2007 年农业灌溉面积（平方公里）
17500	3000	135000	...
40	...	20	...
18350	300	8300	...
610	20	680	...
29500	6000	372930	8900
30000	1200	18500	...
18000	57850	2850	...
40	80	10	...
48500	1300	346390	...
80	13	...	28
20	80	40	...
110	70	100	50
4500	120	392500	...
900	40	70	210
70	130	...	...
245000	24000	799000	...
25	180	30	...
8510	20	1151430	...
1740	160	3240	...
20	...	10	...
80650	8950	210000	15177
44500	3500	440000	...
105770	11010	3060	29670
8000	50	380000	...
23570	1180	17350	11680
10590	340	8210	...
80	...	...	...
90	40	2390	...
8660	660	113540	...
19500	2340	30160	...
147200	150	287800	...
365000	30000	390000	...
30	30	10	...
...	...	10	...
10	10	10	...
8540	50	1740	...
600	390	17000	...

附录6－13 农业用地 续表4

国家和地区	2007年农业用地（平方公里）	比1990年增减（%）	2007年农业用地占土地总面积比重（%）
巴基斯坦	273000	5.2	35.4
帕 劳	60	...	13.0
巴勒斯坦	3730	－1.1	62.0
巴拿马	22300	5.0	30.0
巴布亚新几内亚	10400	18.6	2.3
巴拉圭	204000	18.9	51.3
秘 鲁	215600	－1.3	16.8
菲律宾	115000	3.2	38.6
波 兰	161770	－13.9	53.2
葡萄牙	34960	－11.8	38.2
波多黎各	1890	－56.6	21.3
卡塔尔	710	16.4	6.1
摩尔多瓦	24830	...	75.5
留尼汪	470	－26.6	18.8
罗马尼亚	135460	－8.3	58.9
俄罗斯联邦	2154630	...	13.2
卢旺达	19250	2.4	78.0
圣赫勒拿	120	20.0	30.8
圣基茨和尼维斯	50	－58.3	19.2
圣卢西亚	110	－47.6	18.0
圣皮埃尔岛和密克隆	30		13.0
萨摩亚	860	－12.2	30.4
圣马力诺	10		16.7
圣多美和普林西比	570	35.7	59.4
沙特阿拉伯	1736250	40.6	80.8
塞内加尔	86370	－2.6	44.9
塞尔维亚	50530	...	57.2
塞舌尔	60		13.0
塞拉利昂	31800	15.9	44.4
新加坡	8	－60.0	1.1
斯洛伐克	19300	...	40.1
斯洛文尼亚	5000	...	24.8
所罗门群岛	840	23.5	3.0
索马里	440270	...	70.2
南 非	993780	2.7	81.8
西班牙	286600	－5.9	57.4
斯里兰卡	23600	0.9	36.5

2007 年耕地面积（平方公里）	2007 年农用地面积（平方公里）	2007 年牧草地面积（平方公里）	2007 年农业灌溉面积（平方公里）
215000	8000	50000	...
10	20	30	...
1090	1140	1500	...
5480	1470	15350	...
2500	6000	1900	...
43000	1000	160000	...
37000	8600	170000	...
51000	49000	15000	...
125020	4040	32710	720
10830	5890	18240	4210
620	370	900	162
180	30	500	...
18200	3030	3600	2280
330	30	110	...
85530	4600	45330	3200
1215740	17940	920950	43510
12000	2750	4500	...
40	...	80	...
40		10	
30	70	10	...
30	...	...	...
250	580	30	...
10	...	...	...
90	470	10	...
34000	2250	1700000	...
29850	520	56000	...
32990	2990	14550	260
10	50	...	...
9000	800	22000	...
6	2	...	...
13770	250	5280	250
1770	260	2970	40
160	600	80	...
10000	270	430000	...
145000	9500	839280	...
127000	48600	111000	...
9700	9500	4400	...

附录 6－13　农业用地　　续表 5

国家和地区	2007 年农业用地（平方公里）	比 1990 年增减（%）	2007 年农业用地占土地总面积比重（%）
圣文森特和格林纳丁斯	140	16.7	35.9
苏　丹	1367730	11.3	57.6
苏里南	830	-5.7	0.5
斯威士兰	13420	5.8	78.0
瑞　典	31360	-8.1	7.6
瑞　士	15610	-22.8	39.0
叙利亚	138970	3.0	75.7
塔吉克斯坦	45810	...	32.7
泰　国	197500	-7.6	38.7
马其顿	10760	...	42.3
东帝汶	3880	22.0	26.1
多　哥	36300	13.8	66.7
汤　加	310	-3.1	43.1
特立尼达和多巴哥	540	-29.9	10.5
突尼斯	98260	13.7	63.2
土耳其	394540	-0.6	51.3
土库曼斯坦	326130	...	69.4
特克斯和凯科斯群岛	10		1.1
图瓦卢	20		66.7
乌干达	128120	7.1	65.0
乌克兰	412660	...	71.2
阿拉伯联合酋长国	5950	108.8	7.1
英　国	176470	-3.1	72.9
坦桑尼亚	342000	0.6	38.6
美　国	4111580	-3.7	44.9
美属维尔京群岛	40	-63.6	11.4
乌拉圭	146830	-1.0	83.9
乌兹别克斯坦	266400	...	62.6
瓦努阿图	1470	5.0	12.1
委内瑞拉	213500	-2.3	24.2
越　南	100720	49.7	32.5
瓦利斯和富图纳群岛	60		42.9
西撒哈拉	50040		18.8
也　门	236250	...	44.7
赞比亚	255890	10.4	34.4
津巴布韦	154500	18.8	...

2007 年耕地面积（平方公里）	2007 年农用地面积（平方公里）	2007 年牧草地面积（平方公里）	2007 年农业灌溉面积（平方公里）
70	50	20	...
193210	2250	1172270	11530
580	70	180	...
1780	140	11500	...
26430	50	4880	...
4080	230	11300	...
47360	9470	82140	13960
7100	1010	37700	...
152000	37500	8000	...
4310	360	6090	290
1700	680	1500	...
24600	1700	10000	...
150	120	40	...
250	220	70	...
27570	21740	48950	...
219290	29080	146170	52150
18500	630	307000	...
10	...	...	...
...	20	...	...
55000	22000	51120	...
324340	8990	79330	21740
700	2200	3050	...
60850	460	115160	...
90000	12000	240000	...
1704280	27300	2380000	...
10	10	20	...
13500	330	133000	...
43000	3400	220000	...
200	850	420	...
26500	7000	180000	...
63500	30800	6420	...
10	50	...	...
40	...	50000	...
13750	2500	220000	...
52600	290	203000	...
32300	1200	121000	...

附录七、2010年上半年各省、自治区、直辖市主要污染物排放量指标公报

附录7　2010年上半年各省、自治区、直辖市主要污染物排放量指标公报

单位:万吨

地　区	化学需氧量排放量			二氧化硫排放量		
	2009年上半年	2010年上半年	2010年比上年增减(%)	2009年上半年	2010年上半年	2010年比上年增减(%)
全　国	**657.6**	**641.9**	**-2.39**	**1147.8**	**1150.3**	**0.22**
北　京	5.03	4.89	-2.86	7.17	7.01	-2.29
天　津	7.16	7.19	0.42	12.56	12.40	-1.32
河　北	27.05	26.68	-1.39	70.27	72.57	3.27
山　西	18.28	17.74	-2.98	66.48	66.92	0.66
内蒙古	12.82	12.66	-1.24	69.54	69.16	-0.55
辽　宁	29.67	29.37	-1.01	52.42	51.61	-1.55
吉　林	16.65	16.22	-2.60	17.71	17.30	-2.30
黑龙江	25.80	25.25	-2.16	25.80	25.22	-2.24
上　海	12.99	12.85	-1.05	20.75	20.17	-2.79
江　苏	45.05	43.53	-3.38	54.16	53.78	-0.69
浙　江	28.43	27.57	-3.03	39.94	39.45	-1.22
安　徽	21.52	20.95	-2.67	26.57	26.41	-0.60
福　建	19.75	19.56	-0.95	19.29	18.02	-6.58
江　西	21.33	20.79	-2.54	24.39	24.37	-0.06
山　东	31.38	30.90	-1.51	85.61	84.74	-1.02
河　南	32.50	32.43	-0.19	67.81	67.22	-0.87
湖　北	29.92	29.65	-0.91	31.60	31.39	-0.69
湖　南	43.82	41.12	-6.17	41.07	41.55	1.17
广　东	48.76	46.13	-5.40	52.69	51.64	-2.00
广　西	53.44	51.83	-3.01	52.69	59.90	13.68
海　南	4.70	4.36	-7.25	1.07	1.21	13.25
重　庆	11.45	11.26	-1.61	37.59	36.44	-3.05
四　川	37.41	37.21	-0.53	54.35	54.49	0.27
贵　州	10.82	10.52	-2.82	68.24	67.07	-1.72
云　南	14.56	14.44	-0.86	25.97	29.12	12.14
西　藏	0.70	0.70	0.00	0.09	0.09	
陕　西	16.26	15.85	-2.48	42.20	40.21	-4.71
甘　肃	8.41	8.39	-0.24	25.32	25.77	1.76
青　海	3.56	3.61	1.22	5.77	6.31	9.40
宁　夏	4.83	4.81	-0.26	13.26	13.24	-0.13
新　疆	12.58	12.49	-0.74	34.17	34.30	0.38
新疆兵团	0.95	0.93	-2.01	1.26	1.24	-1.34

注:公报不含香港特别行政区、澳门特别行政区和台湾省。

附录八、主要统计指标解释

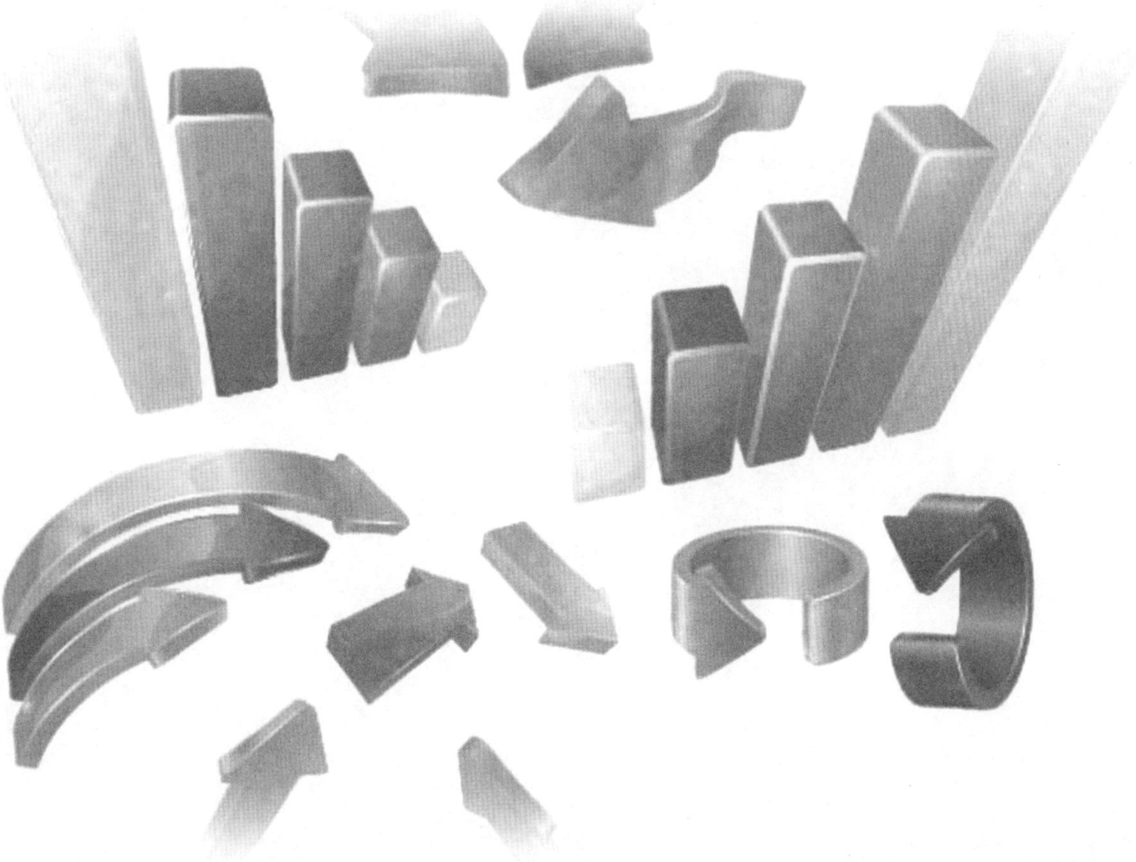

主要统计指标解释

一、自然状况

平均气温 气温指空气的温度,我国一般以摄氏度为单位表示。气象观测的温度表是放在离地面约 1.5 米处通风良好的百叶箱里测量的,因此,通常说的气温指的是离地面 1.5 米处百叶箱中的温度。计算方法:月平均气温是将全月各日的平均气温相加,除以该月的天数而得。年平均气温是将 12 个月的月平均气温累加后除以 12 而得。

年平均相对湿度 相对湿度指空气中实际水气压与当时气温下的饱和水气压之比,通常以(%)为单位表示。其统计方法与气温相同。

全年日照时数 日照时数指太阳实际照射地面的时数,通常以小时为单位表示。其统计方法与降水量相同。

全年降水量 降水量指从天空降落到地面的液态或固态(经融化后)水,未经蒸发、渗透、流失而在地面上积聚的深度,通常以毫米为单位表示。计算方法:月降水量是将该全月各日的降水量累加而得。年降水量是将该年 12 个月的月降水量累加而得。

二、水环境

水资源总量 一定区域内的水资源总量指当地降水形成的地表和地下产水量,即地表径流量与降水入渗补给量之和,不包括过境水量。

地表水资源量 指河流、湖泊、冰川等地表水体中由当地降水形成的、可以逐年更新的动态水量,即天然河川径流量。

地下水资源量 指当地降水和地表水对饱水岩土层的补给量。

地表水与地下水资源重复计算量 指地表水和地下水相互转化的部分,即在河川径流量中包括一部分地下水排泄量,地下水补给量中包括一部分来源于地表水的入渗量。

供水总量 指各种水源工程为用户提供的包括输水损失在内的毛供水量。

地表水源供水量 指地表水体工程的取水量,按蓄、引、提、调四种形式统计。从水库、塘坝中引水或提水,均属蓄水工程供水量;从河道或湖泊中自流引水的,无论有闸或无闸,均属引水工程供水量;利用扬水站从河道或湖泊中直接取水的,属提水工程供水量;跨流域调水指水资源一级区或独立流域之间的跨流域调配水量,不包括在蓄、引、提水量中。

地下水源供水量 指水井工程的开采量,按浅层淡水、深层承压水和微咸水分别统计。城市地下水源供水量包括自来水厂的开采量和工矿企业自备井的开采量。

其他水源供水量 包括污水处理再利用、集雨工程、海水淡化等水源工程的供水量。

用水总量 指分配给用户的包括输水损失在内的毛用水量。按用户特性分为农业、工业、生活和生态用水四大类。

农业用水 包括农田灌溉和林牧渔业用水。林牧渔业用水指林果地灌溉、草地灌溉和鱼塘补水。

工业用水 按新水取用量计,不包括企业内部的重复利用水量。

生活用水 包括城镇生活用水和农村生活用水。城镇生活用水由居民用水和公共用水(含服务业、餐饮业、货运邮电业及建筑业等用水)组成;农村生活用水除居民生活用水外,还包括畜用水在内。

生态用水 仅包括城市环境用水和部分河湖、湿地的人工补水。

工业废水排放量 指报告期内经过企业厂区所有排放口排到企业外部的工业废水量。包括生产废水、外排的直接冷却水、超标排放的矿井地下水和与工业废水混排的厂区生活污水,不包括外排的间接冷却水(清污不分流的间接冷却水应计算在废水排放量内)。

直接排入海的 指经企业位于海边的排放口,直接排入海的废水量。直接排放指废水经过工厂的排污口直接排入海,而未经过城市下水道或其他中间体,也不受其他水体的影响。

工业废水排放达标量 指报告期内废水中各项污染物指标都达到国家或地方排放标准的外排工业废水量,包括未经处理外排达标的,经废水处理设施处理后达标排放的,以及经污水处理厂处理后达标排放的。

工业废水排放达标率 指工业废水排放达标量占工业废水排放量的百分率,计算公式为:

$$工业废水排放达标率=\frac{工业废水排放达标量}{工业废水排放量}\times 100\%$$

化学需氧量(COD) 测量有机和无机物质化学分解所消耗氧的质量浓度的水污染指数。

三、海洋环境

较清洁海域 符合国家海水水质标准中二类海水水质的海域,适用于水产养殖区、海水浴场、人体直接接触海水的海上运动或娱乐区、以及与人类食用直接有关的工业用水区。

轻度污染海域 符合国家海水水质标准中三类海水水质的海域,适用于一般工业用水区。

中度污染海域 符合国家海水水质标准中四类海水水质的海域,仅适用于海洋港口水域和海洋开发作业区。

严重污染海域 劣于国家海水水质标准中四类海水水质的海域。

四、大气环境

工业废气排放量 指报告期内企业厂区内燃料燃烧和生产工艺过程中产生的各种排入大气的含有污染物的气体的总量,以标准状态(273K,101325Pa)计算。测算公式为:

工业废气排放量=燃料燃烧过程中的废气排放量+生产工艺过程中的废气排放量

生活及其他 SO_2 排放量 以生活及其他煤炭消费量和其含硫量为基础,根据以下公式计算:

生活及其他 SO_2 排放量=生活及其他煤炭消费量×含硫量×0.8×2

工业 SO_2 排放量 指报告期内企业在燃料燃烧和生产工艺过程中排入大气的 SO_2 总量,计算公式为:

工业 SO_2 排放量=燃料燃烧过程中 SO_2 排放量+生产工艺过程中 SO_2 排放量

工业烟尘排放量 指企业厂区内燃料燃烧过程中产生的烟气中夹带的颗粒物排放量。

生活及其他烟尘排放量 指除工业生产活动以外的所有社会、经济活动及公共设施的经营活动中燃烧所排放的烟尘纯重量。以生活及其他煤炭消费量为基础进行测算。

工业粉尘排放量 指报告期内企业排入大气的粉尘量。工业粉尘指在生产工艺过程中排放的能在空气中悬浮一定时间的固体颗粒，如钢铁企业的耐火材料粉尘、焦化企业的筛焦系统粉尘、烧结机的粉尘、石灰窑的粉尘、建材企业水泥粉尘等，不包括电厂排入大气的烟尘。工业粉尘排放量可以通过除尘系统的排风量和除尘设备出口排尘浓度相乘求得，计算公式为：

工业粉尘排放量＝除尘设备出口废气中粉尘平均浓度×除尘系统排风量×除尘设备运行时间

五、固体废物

工业固体废物产生量 指报告期内企业在生产过程中产生的固体状、半固体状和高浓度液体状废弃物的总量，包括危险废物、冶炼废渣、粉煤灰、炉渣、煤矸石、尾矿、放射性废物和其他废物等；不包括矿山开采的剥离废石和掘进废石（煤矸石和呈酸性或碱性的废石除外）。酸性或碱性废石指采掘的废石其流经水、雨淋水的PH值小于4或PH值大于10.5者。

危险废物 指列入国家危险废物名录或者根据国家规定的危险废物鉴别标准和鉴别方法认定的，具有爆炸性、易燃性、易氧化性、毒性、腐蚀性、易传染性疾病等危险特性之一的废物。

工业固体废物综合利用量 指报告期内企业通过回收、加工、循环、交换等方式，从固体废物中提取或者使其转化为可以利用的资源、能源和其他原材料的固体废物量（包括当年利用的往年工业固体废物贮存量）。如用做农业肥料、生产建筑材料、筑路等。综合利用量由原产生固体废物的单位统计。

工业固体废物综合利用率 指工业固体废物综合利用量占固体废物产生量的百分率。计算公式为：

$$\text{工业固体废物综合利用率}=\frac{\text{工业固体废物综合利用量}}{\text{工业固体废物产生量}+\text{综合利用往年贮存量}}\times 100\%$$

工业固体废物贮存量 指报告期内企业以综合利用或处置为目的，将固体废物暂时贮存或堆存在专设的贮存设施或专设的集中堆存场所内的数量。专设的固体废物贮存场所或贮存设施必须有防扩散、防流失、防渗漏、防止污染大气、水体的措施。

工业固体废物处置量 指报告期内企业将固体废物焚烧或者最终置于符合环境保护规定要求的场所，并不再回取的工业固体废物量（包括当年处置往年的工业固体废物贮存量）。处置方式有填埋（其中危险废物应安全填埋）、焚烧、专业贮存场（库）封场处理、深层灌注、回填矿井及海洋处置（经海洋管理部门同意投海处置）等。

工业固体废物排放量 指报告期内企业将所产生的固体废物排到固体废物污染防治设施、场所以外的量。不包括矿山开采的剥离废石和掘进废石（煤矸石和呈酸性或碱性的废石除外）。

“三废”综合利用产品产值 指报告期内利用“三废”作为主要原料生产的产品价值（现行价）；已经销售或准备销售的应计算产品价值，留作生产自用的不应计算产品价值。

六、生态环境

自然保护区 指对有代表性的自然生态系统、珍稀濒危野生动植物物种的天然分布区、水源涵养区、有特殊意义的自然历史遗迹等保护对象所在的陆地、陆地水体或海域，依法划出一定面积进行特殊保护和管理的区域。以县及县以上各级人民政府正式批准建立的自然保护区为准。风景名胜区、文物保护区不计在内。

湿地 指天然或人工、长久或暂时性的沼泽地、泥炭地或水域地带，包括静止或流动、淡水、半咸水、咸水体，低潮时水深不超过6米的水域以及海岸地带地区的珊瑚滩和海草床、滩涂、红树林、河口、河流、淡水沼泽、沼泽森林、湖泊、盐沼及盐湖。

七、土地利用

土地调查面积 指行政区域内的土地调查总面积，包括农用地、建设用地和未利用地。

八、林业

森林面积 指由乔木树种构成，郁闭度0.20以上（含0.20）的林地或冠幅宽度10米以上的林带的面积，即有林地面积。它是反映森林资源总面积的重要指标。森林面积包括天然起源和人工起源的针叶林面积、阔叶林面积、针阔混交林面积和竹林面积，不包括灌木林地面积和疏林地面积。

人工林面积 指由人工播种、植苗或扦插造林形成的生长稳定，（一般造林3－5年后或飞机播种5－7年后）每公顷保存株数大于或等于造林设计植树株数80%或郁闭度0.20以上（含0.20）的林分面积。

森林覆盖率 指一个国家或地区森林面积占土地面积的百分比。在计算森林覆盖率时，森林面积包括郁闭度0.20以上的乔木林地面积和竹林地面积、国家特别规定的灌木林地面积、农田林网以及四旁（村旁、路旁、水旁、宅旁）林木的覆盖面积。森林覆盖率表明一个国家或地区森林资源的丰富程度和生态平衡状况，是反映林业生产发展水平的主要指标。

$$森林覆盖率=\frac{森林面积}{土地面积}\times100\%+\frac{灌木林地面积}{土地总面积}\times100\%+\frac{林网树占地面积}{土地总面积}\times100\%+\frac{四旁树占地面积}{土地总面积}\times100\%$$

活立木总蓄积量 指一定范围土地上全部树木蓄积的总量，包括森林蓄积、疏林蓄积、散生木蓄积和四旁树蓄积。

森林蓄积量 指一定森林面积上存在着的林木树干部分的总材积，以立方米为计算单位。它是反映一个国家或地区森林资源总规模和水平的基本指标之一。它说明一个国家或地区林业生产发展情况，反映森林资源的丰富程度，也是衡量森林生态环境优劣的重要依据。

造林面积 指在宜林荒山荒地、宜林沙荒地、无立木林地、疏林地和退耕地等其它宜林地上通过人工措施形成或恢复森林、林木、灌木林的过程。

人工造林 指在宜林荒山荒地、宜林沙荒地、无立木林地、疏林地和退耕地等其它宜林地上通过播种、植苗和分植来提高森林植被覆被率的技术措施。

飞播造林 通过飞机播种，为宜林荒山荒地、宜林沙荒地、其它宜林地、疏林地补充适量的种源，并辅以适当的人工措施，在自然力的作用下使其形成森林或灌草植被，提高森林植被覆被率的技术措施。

无林地和疏林地新封山育林 对宜林地、无立木林地、疏林地实施封禁并辅以人工促进手段，使其形成森林或灌草植被的一项技术措施。

用材林 指以生产木材为主要目的的森林和林木，包括以生产竹材为主要目的的竹林。

经济林 指以生产果品，食用油料、饮料、调料，工业原料和药材为主要目的的林木。经济林是人们为了取得林木的果实、叶片、皮层、胶液等产品作为工业原料或者供食用所营造的林木，如油茶、油桐、核桃、樟树、花椒、茶、桑、果等。

防护林 指以防护为主要目的的森林、林木和灌木丛。包括水源涵养林，水土保持林，防风固沙林，农田、牧场防护林，护岸林，护路林等。

薪炭林 指以生产燃料为主要目的的林木。

特种用途林 指以国防、环境保护、科学实验等为主要目的的森林和林木。包括国防林、实验林、母树林、环境保护林、风景林，名胜古迹和革命纪念地的林木，自然保护区的森林。

三北和长江流域等重点防护林体系建设工程 三北和长江中下游地区等重点防护林体系建设工程，是我国涵盖面最大、内容最丰富的防护林体系建设工程。具体包括三北防护林四期工程、长江中下游及淮河太湖流域防护林二期工程、沿海防护林二期工程、珠江防护林二期工程、太行山绿化二期工程和平原绿化二期工程。主要解决三北地区的防沙治沙问题和其他区域各不相同的生态问题。

野生动植物保护及自然保护区建设工程 野生动植物保护及自然保护区建设工程，是一个面向未来，着眼长远，具有多项战略意义的生态保护工程，也是呼应国际大气候、树立中国良好国际形象的“外交工程”。主要解决基因保存、生物多样性保护、自然保护、湿地保护等问题。

九、自然灾害及突发事件

滑坡 指斜坡上不稳定的岩土体在重力作用下沿一定软面(或滑动带)整体向下滑动的物理地质现象。地表水和地下水的作用以及人为的不合理工程活动对斜坡岩、土体稳定性的破坏，经常是促使滑坡发生的主要因素。在露天采矿、水利、铁路、公路等工程中，滑坡往往造成严重危害。

崩塌 指陡坡上大块的岩土体在重力作用下突然脱离母体崩落的物理地质现象。它可因多裂隙的岩体经强烈的物理风化、雨水渗入或地震而造成，往往毁坏建筑物，堵塞河道或交通路线。

泥石流 指山地突然爆发的包含大量泥沙、石块的特殊洪流称为泥石流，多见于半干旱山地高原地区。其形成条件是地形陡峻，松散堆积物丰富，有特大暴雨或大量冰融水的流出。

地面塌陷 指地表岩、土体在自然或人为因素作用下向下陷落，并在地面形成塌陷坑(洞)的一种动力地质现象。由于其发育的地质条件和作用因素的不同，地面塌陷可分为:岩溶塌陷、非岩溶塌陷。

突发环境事件 指突然发生，造成或可能造成重大人员伤亡、重大财产损失和对全国或者某一地区的经济社会稳定、政治安定构成重大威胁和损害，有重大社会影响的涉及公共安全的环境事件。

十、环境投资

环境污染治理投资 指在工业污染源治理和城市环境基础设施建设的资金投入中，用于形成固定资产的资金。包括工业新老污染源治理工程投资、建设项目“三同时”环保投资，以及城市环境基础设施建设所投入的资金。

林业建设到位资金 报告期内林业建设项目实施单位专项账户上实际收到的用于林业建设的资金合计。

本年完成投资 指从本年1月1日起至本年最后一天止完成的全部投资额。本年完成投资是反映本年的实际投资规模，计算有关投资效果，进行年度国民经济平衡分析的重要指标。

十一、城市环境

年末道路长度 指年末道路长度和与道路相通的广场、桥梁、隧道的长度，按车行道中心线计算。在统计时只统计路面宽度在3.5米（含3.5米）以上的各种铺装道路，包括开放型工业区和住宅区道路在内。

城市桥梁 指为跨越天然或人工障碍物而修建的构筑物。包括跨河桥、立交桥、人行天桥以及人行地下通道等。包括永久性桥和半永久性桥。

城市排水管道长度 指所有排水总管、干管、支管、检查井及连接井进出口等长度之和。

全年供水总量 指报告期供水企业（单位）供出的全部水量。包括有效供水量和漏损水量。

用水普及率 指城市用水人口数与城市人口总数的比率。计算公式：

用水普及率 = 城市用水人口数/城市人口总数 × 100%

城市污水日处理能力 指污水处理厂（或处理装置）每昼夜处理污水量的设计能力。

供气管道长度 指报告期末从气源厂压缩机的出口或门站出口至各类用户引入管之间的全部已经通气投入使用的管道长度。不包括煤气生产厂、输配站、液化气储存站、灌瓶站、储配站、气化站、混气站、供应站等厂（站）内的管道。

全年供气总量 指全年燃气企业（单位）向用户供应的燃气数量。包括销售量和损失量。

用气普及率 指报告期末使用燃气的城市人口数与城市人口总数的比率。计算公式为：

用气普及率 = 城市用气人口数/城市人口总数 × 100%

城市供热能力 指供热企业（单位）向城市热用户输送热能的设计能力。

城市供热总量 指在报告期供热企业（单位）向城市热用户输送全部蒸汽和热水的总热量。

城市供热管道长度 指从各类热源到热用户建筑物接入口之间的全部蒸汽和热水的管道长度。不包括各类热源厂内部的管道长度。

生活垃圾清运量 指报告期内收集和运送到垃圾处理厂（场）的生活垃圾数量。生活垃圾指城市日常生活或为城市日常生活提供服务的活动中产生的固体废物以及法律行政规定的视为城市生活垃圾的固体废物。包括：居民生活垃圾、商业垃圾、集市贸易市场垃圾、街道清扫垃圾、公共场所垃圾和机关、学校、厂矿等单位的生活垃圾。

生活垃圾无害化处理率 指报告期生活垃圾无害化处理量与生活垃圾产生量比率。在统计上，由于生活垃圾产生量不易取得，可用清运量代替。计算公式为：

$$\text{生活垃圾无害化处理率} = \frac{\text{生活垃圾无害化处理量}}{\text{生活垃圾产生量}} \times 100\%$$

年末运营车数 指年末公交企业（单位）用于运营业务的全部车辆数。以企业（单位）固定资产台账中已投入运营的车辆数为准。

城市绿地面积 指报告期末用作园林和绿化的各种绿地面积。包括公园绿地、防护绿地、生产绿地、附属绿地和其他绿地面积。

公园绿地 指向公众开放的，以游憩为主要功能，有一定的游憩设施和服务设施，同时兼有健全生态，美化景观，防灾减灾等综合作用的绿化用地。

十二、农村环境

农村人口 指居住和生活在县城(不含)以下的乡镇、村的人口。

累计已改水受益人口 指各种改水形式的受益人口。

卫生厕所 指有完整下水道系统的水冲式、三格化粪池式、净化沼气池式、多翁漏斗式公厕以及粪便及时清理并进行高温堆肥无害化处理的非水冲式公厕。

累计使用卫生公厕户数 指农民因某种原因没有兴建自己的卫生厕所，而使用村内卫生公厕户数。